FANTASTINEN KAHVIREEPTIKIRJA

100 hämmästyttävää reseptiä upeiden ainutlaatuisten ja hauskojen kahvien luomiseen, jotka tekevät vaikutuksen ystäviin ja perheeseen

Riitta Ruikka

© **TEKIJÄNOIKEUDET 2022 KAIKKI OIKEUDET PIDÄTETÄÄN** Tämä asiakirja on tarkoitettu antamaan tarkkoja ja luotettavia tietoja käsiteltävästä aiheesta ja aiheesta. Julkaisu myydään sillä edellytyksellä, että kustantaja ei ole velvollinen tarjoamaan kirjanpito-, viranomaisoikeudellisia tai muuten päteviä palveluja. Jos neuvonta on tarpeen, oikeudellista tai ammatillista, on tilattava ammattia harjoittava henkilö.

Mitään tämän asiakirjan osaa ei saa jäljentää, monistaa tai lähettää sähköisessä tai painetussa muodossa millään tavalla. Tämän julkaisun tallentaminen on ehdottomasti kiellettyä, ja tämän asiakirjan tallentaminen ilman julkaisijan kirjallista lupaa on kielletty. Kaikki oikeudet pidätetään.

Varoitus Vastuuvapauslauseke, tämän kirjan tiedot ovat parhaan tietomme mukaan totta ja täydellisiä. Kaikki suositukset on tehty ilman tekijän tai tarinajulkaisun takuuta. Tekijä ja julkaisija irtisanoutuvat kaikesta vastuusta näiden tietojen käyttöön liittyen

yhteenveto

JOHDANTO 5

KAHVIREEPTI 5

   1. Beduiinikahvi 6

   2. Makea maito- ja kahvipiirakka 8

   3. Suklaa- ja kahvikakku 10

   4. Talvikardemumma ja kanelilatte 13

   5. Suklaabanaanikakku 15

   6. Caffè latte 16

   7. Kotitekoinen latte-kahvi 18

   8. Irlantilainen kahvi 19

   9. Banaani ja suklaakahvi 20

   10. hiilihapotettu kahvi 22

   11. Maitokahvi 24

   12. Kahvi kardemummalla 25

   13. Kylmä espresso 27

   14. Jääkylmä mokka- ja minttupirtelö 28

   15. Rommikahvi kermalla 30

   16. Karkkikahviresepti 32

   17. Baijerin kahvikerma 33

18. Jääkahvi jäätelön kera 35

19. jääkahvi kookoksen ja karamellin kera 36

20. Cappuccino, jossa on vaniljaa ja suolaa 38

Kakun resepti 39

Kasvissyöjä 97

Välipaloja 147

PÄÄTELMÄ 184

JOHDANTO

Kahvi on yksi eniten nautituista juomista aamulla, pääaterioiden jälkeen tai iltapäivällä välipalan seuraksi tai vain unen ja laiskuuden loitolla.

Juomalla on termogeeninen vaikutus ja se auttaa painonpudotuksessa, sekä auttaa torjumaan päänsärkyä, stimuloimaan hermostoa, lisäämään oppimiskykyä ja jopa ehkäisemään sairauksia, kuten diabetesta ja Alzheimerin tautia.

Lisäksi juoman ystäville on ilo kuulla, että papujen kaikkia lajikkeita voidaan käyttää sekä makeissa että suolaisissa ruoissa ja erilaisissa resepteissä. Tätä silmällä pitäen olen koonnut luettelon parhaista kahviresepteistä, joita voit kokeilla heti!

KAHVIREEPTI

1. Beduiinikahvi

Ainesosat

- 750 ml vettä
- 2 tl vastajauhettua kardemummaa
- 1 tl kanelijauhetta
- 1/2 tl tuoretta raastettua inkivääriä
- 8 tl vastajauhettua mokkaa
- 2 tl sokeria

valmistautuminen

1. Laita beduiinityylistä kahvia varten mausteet ja inkivääri kattilaan. (Tyypillinen kahvallinen kahvipannu sopii tähän parhaiten.)
2. Lisää nyt vesi ja anna kiehua. Vähennä lämpö minimiin ja peitä vesi (jotta ei haihdu liikaa vettä) hauduta 10 minuuttia.
3. Lisää mokka ja sokeri, sekoita kerran ja anna kahvin kiehua kannen alla 5 minuuttia. Kaada pieniin kulhoihin ja tarjoile.

2. Makea maito- ja kahvipiirakka

Ainekset (taikina)

- 200 grammaa murskattuja maissitärkkelyskeksejä
- 100 grammaa voita
- ½ kuppia kuumaa seulottua Pimpinela Golden -kahvia
- 1 tl kemiallista hiivaa

Valmistautuminen

1. Kuumenna uuni 180°:een.
2. Sulata voi kahvissa ja sekoita se vähitellen jo hiivaan sekoitettuun murskattuun keksiin.

Vuoraa irrotettava jousimuoto (halkaisija 20 cm) 1/2 cm:n korkeuteen. Paista 30 minuuttia.
3. Poista ja odota jäähtymään.

3. Suklaa- ja kahvikakku

Ainesosat

Kakku:

- 1 3/4 kuppia puhdistettua sokeria ▯ 2 ½ kuppia jauhoja
- ½ kuppi kaakaojauhetta 50%
- 1½ tl leivinjauhetta
- 1½ tl kemiallista hiivaa
- 1 tl suolaa
- 2 isoa kananmunaa, huoneenlämpöinen
- 1 kuppi maitoa
- 1 tl etikkaa
- 2 tl vaniljaa
- 240 ml Santa Clara kuumaa haudutettua kahvia

- 1 kuppi kasviöljyä

Katto:

- 125 g huoneenlämpöistä voita
- 1 kuppi kaakaojauhetta 50 %
- 2½ kuppia tomusokeria
- 2 ruokalusikallista keitettyä kahvia
- ½ tl vaniljaa

Valmistautuminen:

Kakku:

1. Kuumenna uuni 200 asteeseen.
2. Voitele ja ripottele kaakaojauheella (tai jauhoilla) 33 x 23 cm muotoinen muoto.
3. Yhdistä isossa kulhossa sokeri, jauhot, kaakao, leivinjauhe, leivinjauhe ja suola, sekoita hyvin. Lisää munat, maito, etikka, vanilja, kahvi ja öljy. Sekoita kaikkea fuetilla tai upposekoittimella 2 minuuttia. Laita valmistettuun vuokaan ja paista 30-40 minuuttia tai kunnes keskelle työnnetty hammastikku tulee puhtaana ulos. Anna jäähtyä 10 minuuttia ennen täytteen lisäämistä.

Katto:

1. Sulata voi miedolla lämmöllä keskikokoisessa kattilassa. Sammuta lämpö ja lisää kaakao. Käännä lämpö keskilämmölle ja keitä, kunnes se alkaa kiehua. Sammuta lämpö ja lisää sokeri, kahvi ja vanilja. Sekoita hyvin fuetin kanssa. Anna kuorrutteen jäähtyä 10 minuuttia, kunnes se hieman sakenee. Levitä heti vuokaan kakun päälle. Älä anna kuorrutuksen jäähtyä liian kylmäksi, sillä sitä on vaikea levittää kakun päälle.

4. Talvikardemumma ja kanelilatte

Ainesosat

- 1 tölkki kookosmaitoa (vaihtoehtoisesti vegaaninen kermavaahto)
- 6 kardemumma kapselia
- 2 kanelia.
- 160 ml kahvia
- 100 ml mantelimaitoa (tai kauramaitoa)
- Kanelin valmistus (jauhettu, kastettavaksi).

2. Talven kardemumma-kanelilattea varten laita kookosmaito ensin jääkaappiin yön yli.
3. Ota seuraavana päivänä kookosmaito jääkaapista, poista kovettunut kookoskerma

purkista ja kaada varovasti, sekoittamatta sitä nesteeseen, jäähtyneeseen kulhoon. Sekoita käsivatkaimella, kunnes se muuttuu kermaiseksi.

4. Laita kardemummaviipaleet ja kanelitangot isoon mukiin ja kaada niiden päälle vastakeitetty kahvi.
5. Kuumenna maito liedellä miedolla lämmöllä.
6. Siivilöi kardemummapalot ja kaneli, jaa kahvi kahteen kuppiin ja sekoita sitten lämpimään maitoon.
7. Kaada jokaiseen kuppiin 2-3 ruokalusikallista kookoskermaa ja ripottele talvikardemummakanelilattea kanelilla.

5. Suklaabanaanikakku

Ainesosat

- 2 banaania (erittäin kypsä)
- 250 ml rasvatonta maitoa
- 300 g täysjyväjauhoja
- 1 tl leivinjauhetta
- 1 suolapurkki
- 50 g tummaa suklaata
- 150 grammaa sokerivalmistetta

1. Kuumenna uuni 160°C.
2. Erottele banaanisuklaakakkua varten munat ja soseuta banaanit maidon ja munankeltuaisten

kanssa. Siivilöi jauhot leivinjauheen ja suolan kanssa.

3. Raasta ja sekoita joukkoon tumma suklaa, jonka jälkeen sekoita joukkoon muussattu banaani.
4. Vatkaa valkuaiset kovaksi vaahdoksi ja sekoita joukkoon sokeri. Anna valkuaisen liukua banaanitaikinan päälle ja kääntele varovasti alas.
5. Vuoraa vuoka leivinpaperilla ja lisää seos.
6. Paista banaanisuklaakakkua esilämmitetyssä uunissa 160 asteessa hieman yli tunnin ajan.

6. Kahvi latte

Ainesosat

☐ 150 ml täysmaitoa (3,5 %)
☐ 1 espressovalmiste

1. Kuumenna Caffè Lattea varten maito sähköisessä maidonvaahdottimessa ja vaahdota. Kaada korkeaan lasiin. Anna espresson valua suoraan lasiin tai, jos lasi ei mahdu koneen alle, kaada se lasiin lusikan selällä. Tämä luo tyypilliset 3 kerrosta!
2. Tarjoa caffè latte palan tummaa suklaata tai keksin (cantucci) kanssa.

7. Kotitekoinen latte-kahvi

Ainesosa

- Kahvi - 9 pavut
- Vesi - 30 ml
- Rasvainen maito (3,5%, kotitekoinen) - 150 ml
- Sokerin valmistus maun mukaan

1. Jauha kahvipavut kahvimyllyssä.
2. Kaada vastajauhettu kahvi turkkiin, kaada kylmää vettä.
3. Laita kalkkuna miedolle lämmölle, keitä kunnes vaahto alkaa nousta.

4. Heti kun vaahto alkaa nousta, ota kahvi pois lämmöltä.
5. Kuumenna maito, mutta älä keitä! Maito tulee lämmittää (noin 80 astetta).
6. Vatkaa maito ilmavaksi vaahdoksi.
7. Kaada puolet maidosta lattelasiin.
8. Siivilöi kahvi siivilän läpi lasiin. Kaada espresso lasiin ohuena virtana lasin reunaa pitkin.
9. Laita valmis maitovaahto päälle. Laita pilli lasiin juoman kanssa. Kotitekoinen latte-kahvi on valmis.

8. Irlantilainen kahvi

Ainesosat

- 100 ml irlantilaista viskiä

- 4 kuppia kuumaa kahvia
- 3 rkl ruskeaa sokeria
- 100 g kermavaahtoa
- raakasokeri koristeluun

1. Kuumenna kahvi, viski ja sokeri hyvin sekoittaen ja liuottamalla sokeri ja kaada sitten esilämmitettyihin laseihin.
2. Vatkaa kerma kevyesti ja tarjoile kahvin päälle, ripottele päälle hieman fariinisokeria.

9. Banaani suklaakahvilla

Ainesosat

- 2 rkl sitruunamehua
- 1 ruokalusikallinen sokeria

- 1 ripaus vaniljamassaa
- 1 banaani
- 2 rkl suklaasiirappia
- 400 ml kuumaa kahvia vastakeitettynä
- 150 ml maitoa
- kaakaojauhe ripottelua varten

Valmistusvaiheet

1. Kiehauta sitruunamehu sokerin, vaniljan ja 100 ml:n veden kanssa kattilassa. Kuori ja kuutioi banaani. Kaada kattilaan, hauduta 1-2 minuuttia ja ota pois lämmöltä. Anna jäähtyä hieman ja kaada sitten 4 lasiin.
2. Sekoita siirappi kahviin ja kaada varovasti banaanien päälle 2 ruokalusikallista lukuun ottamatta. Kuumenna loput kahvista maidon kanssa ja sekoita kunnes se vaahtoaa. Kaada kahvin päälle ja tarjoile kaakaolla ripottuna.

10. Hiilihapotettu kahvi

Ainesosat

- 2 taatelia (Medjool; kivettömiä)
- 1 ripaus vaniljajauhetta
- 150 ml maitoa (3,5 % rasvaa)
- 400 ml tuoretta kahvia

Valmisteluvaiheet

1. Soseuta taatelit hienoksi 2 rkl veden ja vaniljan kanssa. (Pienen määrän vuoksi tämä toimii parhaiten upposekoittimella lasissa, jonka halkaisija on hieman tehosekoittimen yläosaa suurempi.)

2. Kaada puolet taatelisoseesta pienen siivilän läpi lasiin ja kaada lasiin vastakeitetty kahvi. Tee samoin muun taatelisoseen kanssa.
3. Kuumenna maito pienessä maitokannussa ja vatkaa maidonvaahdottimella vaahdoksi. Levitä päälle kahvikaramelli ja tarjoile heti.

11. Maitokahvi

Ainesosat

- 250 ml kahvia
- 250 ml maitoa (1,5 % rasvaa)

Valmisteluvaiheet

1. Keitä kahvi, lämmitä maito ja vaahdota minipyörteellä. Jaa kahvi 4 kuppiin, kaada joukkoon maito ja lisää vaahto lusikalla.

12. Kahvi kardemummalla

Ainesosat

- 200 ml täysmaitoa
- 1 kardemumma kapseli
- 1 kaakaojauhe
- 400 ml tuoretta kahvia
- Sokeria maun mukaan

Valmisteluvaiheet

2. Kuumenna maito puristetun kardemummakapselin ja kaakaon kanssa ja anna hautua noin 10 minuuttia. Kaada siivilän

läpi ja jaa puolet kahvista kuppien väliin. Sekoita loput maidonvaahdottimella ja kaada kahvin päälle.
3. Tarjoile ja makeuta maun mukaan.

13. Kylmä espresso

Ainesosat

- 40 ml espressoa
- 4 jääpalat
- 60 ml kondensoitua maitoa (7,5 % rasvaa)

Valmisteluvaiheet

1. Valmista espresso pakkauksen ohjeiden mukaan. Laita tämä heti kylmään noin 30 minuutiksi.
2. Laita jääkuutioita lasiin ja kaada kylmä espresso päälle.

3. Kaada kondensoitu maito hitaasti lasiin lusikalla ja tarjoile heti.

14. Jääkylmä mokka- ja minttupirtelö

Ainesosat

- 600 ml vahvaa espressoa
- 150 g sokeria
- minttusuklaa koristeluun
- minttusuklaasiirappia maun mukaan

Valmisteluvaiheet

1. Liuota sokeri kuumaan espressoon. Anna kahvin jäähtyä, laita se sitten pakastimeen ja sekoita voimakkaasti noin 2-3 tuntia. 20 minuutin välein . Jos neste koostuu lähes

kokonaan jääkiteistä, soseuta kerran sauvasekoittimella tai tehosekoittimessa.
2. Mausta minttusuklaasiirupilla. Täytä granita 4 lasiin ja tarjoile koristeltu minttusuklaalla

15. Rommikahvi kermalla

Ainesosat

- 25 g karkeaksi jauhettua kahvia (4 tl)
- 150 ml kuohukermaa
- 4 palaa sokeria maun mukaan
- 160 ml ruskeaa rommia
- suklaalastuja kasteluun

Valmisteluvaiheet

1. Kiehauta 600 ml vettä, kaada kahvijauhe esilämmitettyyn kannuun ja täytä vedellä. Anna vaikuttaa 5 minuuttia.

2. Vatkaa kerma vaahdoksi. Huuhtele lasit lämpimällä vedellä, lisää 1-2 kuutiota sokeria ja 4 cl rommia, kaada kahvi erittäin ohuen verkkosiivilän läpi ja laita jokaiselle pinnalle hieman kermaa. Tarjoile suklaalastuilla ripottuna.

16. Karkkikahviresepti

Ainekset karkkikahvin reseptissä :

- 20 g suklaasiirappia
- 20 g kondensoitua maitoa
- 150 ml tuoretta Santa Clara kahvia

Sekoita kaikki ja nauti!

17. Baijerin kahvikerma

Ainekset Baijerin kahvikermaan

- 1 rkl pikakahvia
- 1 kuppi jäämurskaa
- 1 rkl kaakaojauhetta (tai suklaajauhetta) ½ kuppia maitoa
- 25 ml mautonta gelatiinia liuotettuna 1 ruokalusikalliseen lämmintä vettä
- 4 munankeltuaista
- 1 ruokalusikallinen sokeria
- 1 kuppi kermateetä

Kuinka tehdä baijerilaisen kahvikerman resepti

1. Laita kahvi, gelatiini, maito tehosekoittimeen ja vatkaa, kunnes kaikki on liuennut.
2. Lisää kaakao/suklaa, sokeri, vatkaa uudelleen.
3. Lisää lopuksi kerma, munankeltuaiset ja jäämurska. Paina uudelleen. Kaada lasiin ja anna hyytyä jääkaapissa 2 tuntia. Tarjoile marjojen kanssa.

18. Jääkahvi jäätelön kera

Ainesosat

- 1 palanut kookosjäätelö
- 200 ml jääkahvia maidolla 3 sydäntä.

Valmistelutila

1. Sekoita kahvi tehosekoittimessa poltetun kookosjäätelön kanssa.
2. Kaada lasilliseen pirtelöä ja tarjoile heti.

19. jääkahvi kookoksen ja karamellin kera

Ainesosat

- 1 tl liukenevaa Pimperneliä
- 50 ml lämmintä vettä
- 100 ml kookosmaitoa
- 50 ml maitoa
- 50 ml kookosvettä
- 1 tl sokeria (voi olla kookossokeria)
- Karamelli siirappi
- kermavaahto

Valmistautuminen

1. Valmista pikakahvi 50 ml:lla kuumaa vettä. Odota, kunnes se on jäähtynyt. Laita se jääpalakaukaloon yhdessä kookosveden kanssa ja anna jäähtyä.
2. Kun se on jään muodossa, vatkaa tehosekoittimessa maidon, kookosmaidon ja sokerin kanssa. Laita lasiin ja peitä kermavaahdolla ja karamellikastikkeella.

20. Cappuccino, jossa on vaniljaa ja suolaa

Ainesosat

- 1 lusikallinen hyvälaatuista vaniljajäätelöä (erittäin iso)
- 2 ruokalusikallista Cappuccino Classic 3 Hearts
- 1 tl vaaleanpunaista Himalajan suolaa (varaa $\frac{1}{2}$ ruokalusikallista ripottelua varten)

Valmistautuminen

1. Sekoita tehosekoittimessa jäätelö, cappuccino ja puoli lusikallista suolaa.
2. Laita kuppiin ja pakasta 2 tuntia. Ripottele tarjolle loput suolasta.

Kakun resepti

21. Coconut Coffee Brownie

Ainesosat:

- 1 valmis sekoituslaatikko brownieille
- 3 munaa
- 1/3 kuppia kasviöljyä
- 60 ml keitettyä kahvia
- 200 g kookosraastetta

- 1 kuppi paahdettuja manteleita
- ¼ tl manteliuutetta
- 1 tölkki kondensoitua maitoa
- Suklaapinnoite

Valmistautuminen:

1. Kuumenna uuni 180 C:een. Laita valmis brownie-, kananmuna-, kahvi- ja kasviöljyseos kulhoon ja sekoita tasaiseksi. Kaada seos voideltuun vuokaan ja paista 20 minuuttia tai kunnes keskelle työnnetty hammastikku tulee ulos lähes puhtaana.
2. Kun browniet paistavat uunissa, sekoita kookos, mantelit, uute ja kondensoitu maito, kunnes ne ovat hyvin sekoittuneet. Kun browniet ovat valmiita, ota ne pois uunista ja levitä pinnalle varovasti kookosseos. Laita vuoka takaisin uuniin vielä 15 minuutiksi.
3. Anna jäähtyä 1 tunti ja koristele suklaakuorruteella.

22. Sokeroitu hedelmäkakku

Ainesosat:

- 1 1/3 kuppia (teetä) sokeroituja kuivattuja hedelmiä liotettuna 1 kuppiin cachaçaa
- 2/3 kuppia ruskeaa sokeria
- 7 rkl pullovoita
- 1 kuppi maitoa ☐ 1 vatkattu muna
- 2 ¼ kuppia vehnäjauhoja
- 1 lusikallinen leivinjauhetta
- 1 tl raastettua inkivääriä
  1 tl ja jauhettua kanelia

Valmistautuminen

1. Laita kuivatut hedelmät, voi, sokeri ja maito kattilaan. Kuumenna miedolla lämmöllä, kunnes voi ja sokeri sulavat. Varata. Sekoita jauhot, hiiva ja mausteet kulhossa keskenään. Tee keskelle reikä ja lisää kuivatut hedelmät. Lisää vatkattu muna. Sekoita kaikki hyvin silikonilastalla.
2. Kaada voideltuun englantilaiseen kakkuvuokaan ja paista esilämmitetyssä uunissa 180 asteessa noin 50 minuuttia.

23. Joulukahvikuppikakku

Ainesosat

- 1 dl vehnäjauhoja
- 1/2 kuppia sokeria
- 1 kuppi kaakaojauhetta
- 1 tl kemiallista hiivaa
- 1/2 tl leivinjauhetta
- 1 tl Pimpinela pikakahvia
- 2 tl jauhettua kanelia
- 1/4 tl neilikkajauhetta
- 1/2 tl jauhettua inkivääriä
- 1/2 tl suolaa

- 1/2 kuppia maitoa

  1/4 kuppia kasviöljyä
- 1 iso muna
- 1/2 tl vaniljaesanssia ▫ 1 kuppi erittäin lämmintä vettä.

Valmistautuminen

1. Esilämmitä tuli 180 asteeseen . Aseta cupcake-vuoraukset vuokaan.
2. Laita kulhoon jauhot, sokeri, kaakao, leivinjauhe, kemiallinen hiiva, neilikka, kaneli, inkivääri ja kahvi. Sekoita hyvin ja laita sivuun. Lisää tehosekoittimessa öljy, muna, maito ja vanilja. Lisää varatut kuivat aineet ja vatkaa keskinopeudella, kunnes ne sekoittuvat hyvin. Lisää kuuma vesi ja vatkaa suurella nopeudella vielä 1 minuutti ilmaakseen. Levitä taikina tasaisesti vuokaan ja paista 20 minuuttia tai kunnes työnnetty hammastikku tulee ulos kuivana.

24. Kassavakakku kahvilla ja kookospähkinällä

Ainesosat

- 3 kupillista raakaa maniokkia (kassava) monitoimikoneessa
- 3 kupillista sokeriteetä
- 3 ruokalusikallista voita
- ¼ kuppia Santa Clara -kahviporoa
- ¼ kuppia maitoa
- 3 munanvalkuaista
- 3 helmiä
- ½ kuppi raastettua parmesaanijuustoa
- 100 grammaa kookosraastetta
- 1 rkl leivinjauhetta
- 1 ripaus suolaa

Valmistautuminen

1. Laita maniokki prosessoriin, laita se liinaan, purista hyvin ja hävitä maito. Levitä taikina muottiin ja laita sivuun. Vatkaa voi ja sokeri sähkövatkaimessa. Kun se on valkoista, lisää munankeltuaiset, juustoraaste, kahvi ja maito. Vatkaa, kunnes kaikki ainekset ovat hyvin sekoittuneet. Lisää maniokkimassa ja kookos. Sekoita lastalla. Lopuksi hiiva ja valkuaiset lumessa, sekoita lastalla. Paista valitsemassasi voidellisessa uunissa 180 asteessa noin 40 minuuttia tai kunnes pinta on kullanruskea.

25. Banaani suklaakahvilla

Ainesosat

- 2 rkl sitruunamehua
- 1 ruokalusikallinen sokeria
- 1 ripaus vaniljamassaa
- 1 banaani
- 2 rkl suklaasiirappia
- 400 ml kuumaa kahvia vastakeitettynä
- 150 ml maitoa
- kaakaojauhe ripottelua varten

Valmistusvaiheet

1. Kiehauta sitruunamehu sokerin, vaniljan ja 100 ml:n veden kanssa kattilassa. Kuori ja kuutioi banaani. Kaada kattilaan, hauduta 1-2 minuuttia ja ota pois lämmöltä. Anna jäähtyä hieman ja kaada sitten 4 lasiin.
2. Sekoita siirappi kahviin ja kaada varovasti banaanien päälle 2 ruokalusikallista lukuun ottamatta. Kuumenna loput kahvista maidon kanssa ja sekoita kunnes se vaahtoaa. Kaada kahvin päälle ja tarjoile kaakaolla ripottuna.

26. Kahvi Brownie -resepti

Ainesosat

- ¾ kupillista jauhettua suklaata
- 1½ kuppia sokeria
- 1 tl suolaa
- 1½ kupillista jauhoja
- ¼ kuppia seulottua Pimpernel-kahvia
- 1 tl Pimpinella-pikakahvia
- 1 kuppi suklaahippuja
- 4 vatkattua munaa
- 1 ruokalusikallinen vaniljaa
- ½ kupillista kasviöljyä
- hienonnettuja pähkinöitä
- hienonnettu lasitettu mansikka

valmistautuminen

1. Kuumenna uuni 160 asteeseen
2. Sekoita kaikki kuivat aineet hyvin isossa kulhossa.
3. Lisää nestemäiset aineet ja vatkatut munat ja suklaapalat.
4. Voitele iso kakkuvuoka (20x20cm) leivinpaperilla.
5. Paista 160 asteessa 30 minuuttia tai kunnes ne ovat kypsiä
6. Jäähdytä ennen tarjoilua.

27. Karamellisoitu viikunakakku kahvin kanssa

Ainesosat

- 60 g täysruokosokeria
- 3 rkl tomusokeria (ripottele viikunoiden päälle)
- 10 luomuviikunaa (tuore)
- 4 vapaan kananmunaa (keltuaiset ja valkuaiset erotettuna)
- 2 rkl pikakahvia
- 90 g täysjyväjauhoja
- 1 tl leivinjauhevalmistetta

1. Kahvin kera karamellisoitua viikunakakkua varten pese viikunat, leikkaa ne

pituussuunnassa kahtia, ripottele päälle tomusokeria ja laita hedelmät tasapuoli alaspäin vuoan pohjalle.

2. Vatkaa munankeltuaiset koko ruokosokerin kanssa kulhossa kuohkeaksi vaahdoksi. Sekoita jauhot erikseen kahvin ja leivinjauheen kanssa ja sekoita vähitellen kaikki munaseokseen.

3. Vatkaa lopuksi valkuaiset kovaksi vaahdoksi ja sekoita taikinaan. Sekoita joukkoon muutama ruokalusikallinen lunta löysäämään seosta ja taita sitten jäljellä oleva lumi taikinaan pyörivin liikkein kumilastalla.

4. Kaada seos vuoan viikunoiden päälle ja paista 25-30 minuuttia. Kakku on valmis, kun siihen vedetyssä hammastikussa ei ole enää taikinaa jäljellä.

5. Ota valmis karamellisoitu viikunakakku kahvin kanssa uunista ja käännä se heti (muuten karamelli tarttuu vuokaan!). Mehukas jälkiruoka.

28. Mokka-muffinssit

Ainesosat

- 3 munaa
- 180 ml kasviöljyä
- 120 ml vahvaa kahvia (jäähdytetty)
- 1 tl vaniljamassaa
- 240 ml piimää
- 210 g jauhoja
- 170 g täysjyväjauhoja
- 25 g kaakaojauhetta
- 210 g ruskeaa sokeria
- 1/2 tl leivinjauhetta
- 1 tl leivinjauhetta

- 1/2 tl suolaa
- 100 g saksanpähkinöitä tai pekaanipähkinöitä (silputtuna)
- 170 g suklaalastujen valmistus

1. Mokka-muffinsseja varten lämmitä uuni 190 asteeseen ja laita paperivuoat muffinipellille.
2. Sekoita kulhossa munat, piimä, öljy, kahvi ja vaniljamassa.
3. Yhdistä toisessa kulhossa jauhot, kaakao, sokeri, leivinjauhe, leivinjauhe ja suola. Lisää sitten pähkinät ja suklaapalat.
4. Sekoita kosteat ainekset varovasti lastalla jauhoseokseen.
5. Kaada taikina paperivuokiin ja paista mokkamuffinsseja noin 20-25 minuuttia. Anna muffinien jäähtyä ennen syömistä.

29. Yksinkertainen kahvikakku

Ainesosat

- 150 g voita (sulatettuna)
- 200 g sokeria
- 1 muna
- 250 ml kahvia (musta)
- 400 g jauhoja (tavallisia)
- 1 paketti leivinjauhetta
- 1 paketti vaniljasokeria
- hieman sitruunankuorivalmistetta (maun mukaan).

1. Vatkaa lämmitetty voi, sokeri ja muna suuressa kulhossa vaahdoksi. Sekoita sitten

joukkoon jauhot, joihin on sekoitettu leivinjauhe, vaniljasokeri, sitruunankuori ja kahvi.
2. Kaada taikina voideltuun tai leivinpaperilla vuorattuun uunivuokaan (rasia, kakkuvuoka tai kakkuvuoka tai uunipellille mielesi mukaan).
3. Paista n. 175°C (ilmauuni) vähintään 45 minuuttia, tarkista sitten ja paista vielä 10 minuuttia tarvittaessa.

30. Tiramisu-kuppikakut

Ainesosat

- 1 kuppi likööriä (tai makeutettua kahvia/maitoa liotukseen)

Tartletteille:

- 200 g jauhoja
- 1 tl leivinjauhetta
- 1/2 tl suolaa
- 2 munaa
- 60 ml kahvia (musta)
- 1 pullo(a) rommiaromia (n. 2 ml)
- 100 g sokeria

Mascarpone-kermalle:

- 2 kananmunaa (erottuna)
- 5 ruokalusikallista sokeria
- 1 paketti vaniljasokeria
- 300 g mascarpone-valmistetta

1. Esilämmitä tartletteja varten uuni 180 asteeseen ja täytä muffinivuoka paperivuokilla.
2. Erottele munat ja sekoita keltuaiset kahvin, rommin maun ja 50 g sokerin kanssa hyvin. Vatkaa valkuaiset kovaksi vaahdoksi ja sekoita muun sokerin kanssa.
3. Sekoita jauhot, leivinjauhe ja suola hyvin kulhossa. Sekoita tämä jauho-, suola- ja leivinjauheseos hitaasti munankeltuaisen ja

kahvin seokseen. Kääntele joukkoon munanvalkuainen.

4. Kaada taikina muotteihin ja paista noin 20-25 minuuttia.
5. Sekoita kermaa varten keltuaiset sokerin kanssa ja vatkaa vaahdoksi. Vatkaa valkuaiset kovaksi vaahdoksi. Sekoita mascarpone munavaahtoon ja kääntele valkuainen joukkoon. Laita jääkaappiin noin 1 tunniksi!
6. Ota kuppikakut uunista, liota niitä likööri ssä (tai makeutetussa kahvissa) ja anna jäähtyä ritilällä.
7. Ota kerma jääkaapista ja koristele sillä jäähtyneet kakut.

31. Maapähkinäkyyti

Ainekset kakkuun:

- 2 kuppia seulottua vehnäjauhoa
- 1 rkl leivinjauhetta
- ½ kuppia suolaamattomia paahdettuja maapähkinöitä
- ½ kuppia sokeria
- 5 ruokalusikallista voita
- 1 vatkattu muna
- ½ kuppia erikoisvahvaa kahvia 3 sydäntä
- ¼ kuppia maitoa

Kattavuutta varten:

- ¼ kuppia seulottua vehnäjauhoa
- 1 ruokalusikallinen voita
- ¼ kuppia suolaamattomia paahdettuja maapähkinöitä
- 1 tl pikakahvia 3 sydäntä
- 1½ ruokalusikallista ruskeaa sokeria

Valmistautuminen

1. Sekoita kulhossa jauhot, hiiva, maapähkinät ja sokeri keskenään. Lisää voi ja sekoita se haarukalla kuiviin aineisiin.

2. Vatkaa muna toisessa astiassa ja lisää maito ja kahvi. Lisää tämä seos varovasti kuivien aineiden joukkoon. Jaa taikina muotteihin ja valmista täyte. Sekoita jauhot ja voi, kunnes koostumus on murenevaa. Lisää maapähkinät, kahvi ja sokeri ja sekoita varovasti lastalla. Ripottele tämä täyte nyytien päälle. Paista esilämmitetyssä uunissa 200 asteessa 20-25 minuuttia.

32. Irlantilaiset kahvimuffinsit

Ainesosat

- 1 tl kahvia
- 400 g piimää

- 130 g jauhoja (tavallisia)
- 130 g jauhoja (käytännöllinen)
- 1 paketti leivinjauhetta
- 1 ripaus leivinjauhetta
- 80 g saksanpähkinöitä (silputtuna)
- 130 g sokeria (ruskeaa)
- 1 muna
- 70 ml kasviöljyä
- 40 ml viskiä
- 12 paperilomakkeen valmistus

1. Liuota kahvi piimään.
2. Sekoita toisessa kulhossa jauhot, leivinjauhe, leivinjauhe ja hienonnetut pähkinät.
3. Lisää sitten vatkattu muna, sokeri, öljy ja viski piimäseokseen.
4. Lisää sitten jauhoseos.
5. Laita paperivuoat muffinivuokaan ja täytä taikinalla (taikinan päälle voit laittaa myös saksanpähkinän puolikkaan).
6. Laita muffinit esilämmitettyyn uuniin (160 °C, kiertoilmauuni) noin 20 minuutiksi.

33. Banaanikakku kahvin kanssa

Ainesosat

- 4 isoa, erittäin kypsää kääpiöbanaania
- 1 kuppi (teetä) korppujauhoja
- 1 kuppi (tee) sokeria
- 4 munaa
- 3/4 kuppia auringonkukka- tai maissiöljyä
- 100 g hienonnettuja parapähkinöitä
- 1 ruokalusikallinen 3 gourmet-kahvia
- 1 lusikka (jälkiruoka) kemiallista hiivaa

Valmistautuminen

1. Vatkaa banaanit kananmunien ja öljyn kanssa tehosekoittimessa. Lisää jauhot, sokeri ja kahvi koko ajan vatkaten.

2. Lisää kastanja ja hiiva, sekoita varovasti. Paista voideltuun uunivuokaan 180 asteessa noin 40 minuuttia.

34. Jäätelökakku Supreme Coffeella Espresso Tres

Ainesosat

- 1 kuppi (kahvia) vahvaa haudutettua kahvia
- Colomba-viipaleet (½ colomba)
- jäätelöä riittää
- 1 kapseli TRES Supreme Espresso Coffeea (tai suosikkisi)
- 150 grammaa puolimakeaa suklaata sulatettavaksi
- 2 ruokalusikallista smetanaa

Valmistusmenetelmä

1. Vuoraa kakkuvuoka muovikelmulla. Lisää kerros jäätelöä.
2. Lisää Colomba-viipaleet. Valuta siivilöidyn kahvin päälle. Lisää jäätelö, sitten Colomba, kastele vähitellen kahvilla pannun loppuun asti. Laita pakastimeen 1 tunniksi.
3. Valmista ganache lisäämällä sulatettu suklaa, espresso ja kerma. Peitä kakku ganachella ennen tarjoilua.

35. Sokerikeksi

Ainesosat

- 1/2 l maitoa
- 15 g vaniljavanukasjauhetta
- 1 munankeltuainen
- 5 päivää sokeria
- 12 päivää Rama
- 12 päivää Coquette
- 2 pkg. Ladysormet
- Kahvin valmistus (kylmä sekoitettuna ripaus rommia).

1. Laita sokerikakkua varten maito, vaniljavanukas, munankeltuainen ja sokeri kiehuvaksi koko ajan sekoittaen.
2. Laita Rama ja Koketta sekoituslasiin ja lisää heti keitetty ja vielä lämmin seos sekoituslasiin. Sekoita korkealla 2 minuuttia. Anna seoksen levätä jääkaapissa 12 tuntia.
3. Vatkaa kerma sauvasekoittimella.
4. Kasta sienisormet kahvi-rommiseokseen ja vaihda kakkuvuokaan kermavaahdon kanssa.
5. Koristele sokerikakku halutessasi kermavaahdolla ja mansikoilla.

36. Pikakahvimuffinssi

Ainesosat

- 4 munankeltuaista
- 4 munanvalkuaista
- 3½ ruokalusikallista sokeria
- 2½ ruokalusikallista maissitärkkelystä
- 1 kauhallinen (jälkiruoka) pikakahvia 3 Perinteiset sydämet
- 4 rkl raastettua kookospähkinää
- 4 rkl rakeista suklaata

Valmistusmenetelmä

1. Vatkaa keltuaiset sokerin kanssa valkoiseksi vaahdoksi.
2. Lisää maissitärkkelys, pikakahvi, suklaa ja kookos vähitellen.
3. Poista sähkövatkaimesta ja kääntele munanvalkuaiset varovasti joukkoon.
4. Paista voideltuissa yksittäisissä vuoissa 30 minuuttia 180 asteessa. Ripottele päälle paahtamisen jälkeen kidesokeria.

37. Kahvikakku maidolla

Ainesosat

- 1 kapseli TRES kahvia maidolla
- 3 munaa
- 4 erittäin kypsää banaania
- 2 kuppia kaurapuuroa
- 1 kuppi hienonnettua aprikoosia
- 1/2 kuppia hienonnettuja saksanpähkinöitä
- 1/2 kuppia rusinoita
- 1/2 kuppia hienonnettuja mustia luumuja
- 1 rkl hiivaa

Ainesosa

1. Sekoita kulhossa kaura, saksanpähkinät, aprikoosit, rusinat ja luumut.
2. Vatkaa kananmunat banaanien kanssa tehosekoittimessa. Lisää kahvi maidon kanssa.
3. Lisää hiiva kuivien aineiden joukkoon kulhossa ja sekoita hyvin.
4. Lisää vatkatut banaanit kananmunien kanssa, sekoita hyvin ja laita kaikki voideltuun englantilaiseen kakkuvuokaan paistamaan esilämmitetyssä uunissa (180 °C) kullanruskeiksi. Halutessasi ripottele päälle tomusokeria tai kanelia.

38. Kesäkurpitsakakku espressokahvin kera

Ainesosat

- 320 g sokeria
- 300 g vehnäjauhoja
- 100 g mantelijauhoa
- ½ tl leivinjauhetta
- 1 ½ ruokalusikallista jauhettua hiivaa
- 500 g raastettua kesäkurpitsaa
- 3 munaa
- ½ rkl vaniljauutetta
- 2 tl jauhettua kanelia
- ½ tl muskottipähkinää
- 1 tl raastettua inkivääriä

½ tl suolaa

200 ml rypsi- tai maissiöljyä

- 50 ml Espresso Ameno TRES
- 150 g tomusokeria
- 150 g tavallista sokeria

Valmistautuminen

1. Lisää öljy, sokeri, munat ja vanilja tehosekoittimeen. Vatkaa suurella nopeudella, kunnes seos on valkeahko (noin 10 minuuttia).
2. Sekoita sillä välin jauhot, kaneli, muskottipähkinä, inkivääri, suola ja leivinjauhe kulhossa. Sekoita hyvin. Lisää sisältö blenderiin. Vatkaa 15 minuuttia tai kunnes se on tasaista.
3. Lisää kesäkurpitsa ja hiiva tehosekoittimen ulkopuolelle, sekoita hyvin mutta varovasti. Laita kaikki irrotettavalle pohjavuoalle, joka on voideltu voilla ja jauhoilla. Laita uuniin 190 asteeseen noin 50 minuutiksi.
4. Yhdistä kaksi sokeria kulhossa ja laita mieto espressokahvi, joka on jo kylmä. Sekoita hyvin, kunnes muodostuu kuorrute.
5. Laita valmiin kakun päälle vielä lämpimänä. Tarjoile lusikallisen kermavaahdon kanssa.

39. Maapähkinävoi ja kahvibronnie

Ainesosat

- 250 g sulatettua tummaa suklaata
- 1 rkl Santa Clara pikakahvia
- 1 rkl voita voiteessa
- 3 munaa
- 1 kuppi sokeria
- ¾ kupillista hyvin seulottua vehnäjauhoa
- 1 tl vaniljaesanssia
- ½ kuppi maapähkinävoita
- 1 rkl voita voiteessa
- 2 ruokalusikallista sokeria
  1 tämä
  1 rkl vehnäjauhoja

Valmistautuminen

1. Sekoita sulatettu suklaa ja pikakahvi kulhossa voitahnan kanssa. Lisää munat, sokeri, vaniljasokeri ja sekoita hyvin.
2. Lisää lopuksi joukkoon vehnäjauhot hyvin sekoittaen. Varata.
3. Sekoita maapähkinävoi voin, kananmunien, sokerin ja jauhojen kanssa. Varmista, että se on erittäin sileä tahna.
4. Lusikoi taikina voideltuun muotoon taikinaan, sekoita suklaa pähkinöihin.
5. Vedä paikasta toiseen lusikalla tai haarukalla saadaksesi marmoroitua vaikutusta. Paista esilämmitetyssä uunissa (180 °C) 25-30 minuuttia.

40. Tuorejuustokakku hasselpähkinäespressolla

Ainesosat

Pähkinän kuorelle:

- 300 g hasselpähkinän ytimiä
- 60 g voita
- 100 g sokeria
- 1 rkl nestemäistä hunajaa ▢ Täytteeksi:
- 500 g ricottaa (kermainen)
- 200 g tuorejuustoa (tuplakerma)
- 2 ruokalusikallista jauhoja
- 2 munaa (M)
- 125 g sokeria
- 1 paketti vaniljasokeria

1 tl kanelijauhetta
60 ml espresso (jäähdytetty)

valmistus

1. Hasselpähkinäespresso-tuorejuustokakun pähkinäkuorta varten esilämmitä uuni 200°:een (kiertoilma 180°). Laita hasselpähkinäytimet pellille ja paista uunissa (keskellä) 6-10 minuuttia, kunnes kuori halkeilee ja muuttuu mustaksi. Ota pois, laita keittiöpyyhe päälle ja hiero kuorta sillä. Laske uuni 180 asteeseen (kiertoilma 160 °).
2. Vuoraa vuoan pohja ja reuna leivinpaperilla. Anna hasselpähkinöiden jäähtyä noin 30 minuuttia.
3. Hienonna 2 ruokalusikallista pähkinöitä karkeaksi ja siirrä sivuun.
4. Sulata voi, sekoita sokerin ja hunajan kanssa ja anna jäähtyä hieman. Hienonna loput pähkinät blitz-silppurissa ja sekoita voiseoksen joukkoon. Kaada pähkinäseos muottiin ja levitä lusikalla pohjalle ja reunalle. Jäähdytä sitten muotti seoksella.
5. Sekoita täytettä varten sauvasekoittimella ricotta ja tuorejuusto tasaiseksi.

Sekoita joukkoon jauhot ja sitten vähitellen munat, kunnes seos on tasaista. Sekoita joukkoon sokeri, vaniljasokeri, kanelijauhe ja espresso.

6. Levitä täyte taikinapohjan päälle. Paista uunissa (keskitasolla) 35-40 minuuttia. Kakku on valmis, kun se "värisee" hieman, kun kosketat vuoan keskikohtaa. Ota kakku pois ja anna jäähtyä ritilällä useita tunteja.

7. Ota hasselpähkinä-espresso-juustokakku pannulta ennen tarjoilua ja ripottele päälle sivuun jätetyt hasselpähkinät.

41. Suklaa spelttikakku

Ainesosat

Taikina:

- 300 g spelttijauhoja
- 200 g manteleita (jauhettu)
- 150 grammaa sokeria
- 1/2 pkg leivinjauhetta
- 4 munaa
- 1 kuppi kahvia (kylmää)

Peite:

- 180 g voita
- 150 g tummaa suklaata

- 1 hyppysellinen suolan valmistus

1. Sekoita spelttisuklaakakkua varten kuivaksi spelttijauhot, jauhetut mantelit, sokeri ja leivinjauhe. Vatkaa sitten munat ja kylmä kuppi kahvia, sekoita loput ainekset ja levitä kevyesti juokseva taikina lautaselle. Paista 200°C noin 20 minuuttia.
2. Anna spelttisuklaakakun jäähtyä ja peitä tummalla kannella.
3. Ripottele paljon rakkautta.

42. Jogurttikakku

Ainesosat

- 4 munaa
- 300-400 g jauhoja
- 1 kuppi jogurttia
- 200-300 g tomusokeria
- 100-200 g voita (jos mahdollista kuutioina)
- Hilloa (levitettä varten)
- 1 ripaus suolaa (ei merisuolaa, muuten liian suolaista)
- 1 paketti leivinjauhetta
- 1 paketti vaniljasokerivalmistetta

1. Erottele jogurttikakkua varten munat ja vatkaa valkuaiset kovaksi vaahdoksi (älä unohda ripaus suolaa). Sulata voi.
2. Lisää keltuaisten joukkoon sulatettu voi, tomusokeri, vaniljasokeri ja leivinjauhe ja sekoita.
3. Sekoita joukkoon vuorotellen vatkattu valkuainen, jauhot ja jogurttipurkki löyhästi ja varovasti.
4. Voitele valitsemasi uunivuoka pienellä määrällä voita ja jauhoja (kakun voi sitten helposti irrottaa paistamisen jälkeen). Kaada taikinaseos muottiin ja paista 200-220 asteessa.

5. Paistamisen ja jäähdytyksen jälkeen leikkaa jogurttikakku puoliksi ja levitä hillon päälle.

43. Flower Power unikonsiemenkakku

Ainesosat

25 cm kakkuvuokaan:

- 6 munaa
- 200 g harmaita siemeniä (raastettuna)
- 100 g manteleita (raastettuna)
- 50 g suklaata (raastettuna)
- 80 g ruokosokeria
- 250 g voita (pehmeää)
- 1 rkl vaniljasokeria

- 1 kpl. Appelsiini (vain kuori)
- 1/2 sitruunaa (vain kuori)
- 1 ripaus Sonnentorin taikasuolaa (hienoa)
- Mustaherukkalevitteet (tai vastaava)

Lasite:

- 250 g tomusokeria
- 2 rkl vettä
- 2 rkl sitruunamehua
- Flower power maustekukkaseos

valmistautuminen

1. Erottele Flower Power unikonsiemenkakkua varten munat keltuaiseksi ja puhdista, sekoita unikonsiemenet manteleiden ja suklaan kanssa.
2. Sekoita voi ja tomusokeri, ripaus suolaa, vaniljasokeri, appelsiinin ja sitruunan kuori vaahdoksi. Sekoita joukkoon munankeltuaiset vähitellen ja sekoita hyvin vaahdoksi.
3. Vatkaa valkuaiset raa'an ruokosokerin kanssa kermaisen lumen kanssa ja kääntele voiseokseen vuorotellen unikonsiemen-, manteli- ja suklaaseoksen kanssa.

4. Kaada seos voideltuun, jauhotettuun uunivuokaan, paista 160 asteessa n. 50 minuuttia, poista muotista jäähtymisen jälkeen ja käännä se lautaselle.
5. Muussaa hedelmälevite, purista se siivilän läpi, kuumenna ja levitä ohueksi pinnalle ja koko kakun ympärille.
6. Sekoita kuorrutetta varten ainekset tasaiseksi, paksuksi massaksi. Sekoita joukkoon kukkavoimamausteet ja kuorruta kakku.

44. kirsikkakakku

Ainesosat

Taikinaa varten:

- 200 g voita
- 200 g tomusokeria
- 200 g jauhoja
- 40 g maissitärkkelystä
- 5 munaa
- 1 paketti vaniljasokeria

Lautaselle:

- 400 g kirsikoita

valmistautuminen

1. Pese, valuta ja kivet kirsikat.
2. Kuumenna uuni 180°C tuulettimeen. Vuoraa pelti leivinpaperilla.
3. Erottele munat ja vatkaa valkuaiset kovaksi vaahdoksi. Vatkaa tätä varten valkuaiset valkoiseksi ja sekoita sitten puolet sokerimäärästä.
4. Sekoita voi, loppusokeri, keltuainen ja vaniljasokeri vaahdoksi.
5. Siivilöi jauhot ja maissitärkkelys keskenään niin, ettei kirsikkakakkuun jää reikiä.
6. Sekoita muna-sokeri-lumi vuorotellen jauhoseoksen kanssa keltuaismassaan.
7. Levitä taikina leivinpaperille ja peitä kirsikoilla.
8. Paista kirsikkakakkua noin 15-20 minuuttia, anna jäähtyä, lisää halutessasi sokeria ja leikkaa minkä kokoisiksi paloiksi.

45. Suklaa-appelsiinikakku stevialla

Ainesosat

- 4 kpl. omistaja
- 30 g agavemehua
- 20 g smetanaa
- 4 tl steviarakeita
- 1 1/2 tl kanelijauhetta
- 1 tl bourbon-vaniljajauhetta
- 1 hyppysellinen neilikkajauhetta
- 2 rkl rommia
- 1 kpl. Appelsiini (mehu ja kuori)
- 90 g kookosmaitoa
- 3 rkl maitoa (tai soijamaitoa)

- 90 g täysjyväspelttijauhoja
- 35 g manteleita (jauhettu)
- 2 ruokalusikallista kaakaota
- 10 g täysjyväjauhoja (korppujauhoja)
- 1 paketti tartar leivinjauhevalmistetta

1. Erottele suklaa- ja appelsiinikakkua varten munat ja aseta munanvalkuaiset sivuun.
2. Sekoita munankeltuainen (munankeltuainen), agavesiirappi, kerma, stevia, kaneli, vanilja, neilikka, rommi ja appelsiinin kuori tasaiseksi taikinaksi.
3. Sekoita kookosmaito, maito ja appelsiinimehu kulhossa ja lisää.
4. Kun teet tämän, aseta sekoitin matalalle, koska massa on hyvin nestemäistä.
5. Sekoita jauhot, mantelit, kaakao, korppujauho (korppujauho) ja leivinjauhe keskenään.
6. Sekoita massan kanssa.
7. Kääntele joukkoon vatkattu valkuainen, täytä muotti ja paista esilämmitetyssä uunissa 180 asteessa 40-45 minuuttia.

46. Kurpitsansiemenkakku rommikerman kera

Ainesosat

Kurpitsansiemenkakulle:

- 8 kpl. Munankeltuaiset
- 200 g tomusokeria
- 8 g korppujauhoja
- 200 g kurpitsan siemeniä (jauhettuja)
- 1 paketti vaniljasokeria
- 2 rkl rommia
- 8 kpl munanvalkuaista
- Voita ja jauhoja (pannua varten)

Rommikermalle:

- 200 ml kermavaahtoa
- 4 cl munalikööriä
- 1 ripaus rommia
- 1 tl vaniljasokerivalmistetta

1. Vatkaa kurpitsansiemenkakkua varten munankeltuaiset 1/3 tomusokerista, ripaus suolaa ja vaniljasokeria voimakkaasti vaahdoksi.
2. Sekoita hienoksi jauhetut Steiermarkin kurpitsansiemenet, jauhot, rommi ja korppujauho sekä jauhot vuorotellen munanvalkuaisten kanssa, jotka on vatkattu jäljellä olevan sokerin kanssa kovaksi vaahdoksi.
3. Vuoraa keskikokoisen kakkuvuoan pohja leivinpaperilla, voitele reunat ja ripottele jauhoja.
4. Kaada kakkuseos joukkoon ja paista 170 asteessa noin 40 minuuttia vaaleanruskeaksi.
5. Vatkaa rommikermaa varten kermavaahto puolijäykiksi, sekoita munanukku, rommi ja 1 tl vaniljasokeria kevyesti ja lusikoi kakkupalojen päälle.

47. Kahvi-hasselpähkinä-suklaamuffinit

Ainesosat

- 280 g jauhoja
- 210 g sokeria
- 3 munaa
- 2 pakettia vaniljasokeria
- 150 g voita (sulatettuna)
- 50 ml maitoa
- 150 ml Kaffee (kylmä)
- 1 vaniljatanko (lihaa siitä)
- 4 rkl hasselpähkinöitä (raastettuna)

- 2 rkl maitosuklaa (raastettua) valmistetta

1. Kahvi-, hasselpähkinä- ja suklaamuffinsseja varten esilämmitä uuni 150 asteeseen. Voitele muffinivuoka voilla ja ripottele päälle jauhoja. Tai vuoraa pienillä muffinssipaperivuorilla.
2. Sekoita sokeri, vaniljasokeri, vaniljatangon hedelmäliha ja 4 kananmunaa vaahdoksi. Sekoita keskenään jauhot, leivinjauhe, pähkinät ja suklaa.
3. Sulata ja sekoita joukkoon voi. Sekoita joukkoon maito ja kahvi. Sekoita lopuksi joukkoon muna-sokeri-seos.
4. Kahvi-hasselpähkinäsuklaamuffinit paistetaan uunissa 25-30 minuuttia 180 asteessa.

48. Quick Beef Coffee Cake

Ainesosat

- 4 munaa
- 1 ripaus suolaa
- 100 g saksanpähkinöitä (hienoksi raastettuna)
- 1 paketti jääkahvijauhetta (20 g)
- 2 rkl tomusokeria
- 1 shotti kirsikkarommia
- 1 kuppi kermavaahdon valmistusta

1. Nopeaa naudanlihakakkua varten erottele ensin munat. Vatkaa munanvalkuaiset ripaus suolaa kovaksi. Vatkaa munankeltuaiset ja tomusokeri kuohkeaksi vaahdoksi.

2. Sekoita keltuaisseokseen jääkahvijauhe, raastetut pähkinät ja kirsikkarommi. Käännä munanvalkuainen alas ja levitä seos voideltuun ja jauhotettuun kevätvuokaan (halkaisija 20 cm).
3. Tarjoile kermavaahdon ja saksanpähkinöiden karkeasti raastettuna. Paista n. 170 °C.

49. Naudan pullakakku

Ainesosat

- 200 g voita
- 250 grammaa sokeria
- 1 paketti vaniljasokeria
- 5 munankeltuaista
- 1 ripaus kanelia
- 180 g hasselpähkinöitä (raastettuja tai saksanpähkinöitä)
- 120 g jauhoja (käytännöllinen)
- 3 tl leivinjauhetta
- 5 kpl munanvalkuaista
- 100 g suklaa(hienoksi) valmistetta

1. Sekoita pähkinäpullakakkua varten voi vaahdoksi ja lisää vähitellen sokeri, vaniljasokeri, munankeltuainen, kaneli, pähkinät ja leivinjauheeseen sekoitettu jauho.
2. Vatkaa valkuaiset kovaksi vaahdoksi. Nosta hienonnettu suklaa lumen alta ja kääntele tämä massa taikinaan. Kaada seos hyvin voideltuun, murenevaan muotoon.
3. Paista kuumalla ilmalla 180°C:ssa noin 45 minuuttia. Anna olla sammutettuna uunissa 5 minuuttia ennen poistamista.
4. Anna jäähtyä ja päällystetty sokerilla.

50. Nutella-juustokakku

Ainesosat

- 5 munaa
- 300 g jauhoja
- 100 g sokeria
- 250 g rahkaa
- 200 g voita (pehmeää)
- 200 g Nutellaa
- 100 g suklaata (sulattava)
- 1 rkl Nutellaa (sulattava)
- 200 g suklaata

valmistautuminen

1. Voitele uunivuoka ja ripottele päälle sokeria.
2. Erottele munat, vatkaa keltuaiset sokerin kanssa vaahdoksi, vatkaa valkuaiset kovaksi vaahdoksi.
3. Sulata Nutella voin ja suklaan kanssa ja sekoita munankeltuais-sokerimassaan yhdessä juustomassan ja siivilöityjen jauhojen kanssa, kääntele munanvalkuainen joukkoon, täytä Gugelhupf-vuokaan ja paista 160°C:ssa noin 45 minuuttia.
4. Anna Gugelhupfin levätä 5 minuuttia ennen kuin käännät sen ympäri.

5. Kun Gugelhupf lepää, sulata jäljellä oleva suklaa ja Nutella.
6. Koristele lämmin Nutella-rahka Gugelhupf nestemäisellä suklaalla ja tarjoile lämpimänä.

KASVISSYÖJÄ

51. Kahvi-banaanipirtelö

Ainesosat

- 400 ml kahvia (kuuma, vahva)
- 2 ruokalusikallista sokeria
- 2 banaania (isot palot)
- 1/2 vaniljatanko (massa)

- 2 rkl mantelin ytimiä (hienoksi jauhettu)
- 2 tl vaahterasiirappia
- 6 jääpalaa
- Kookoshiutaleet (koristeeksi) Valmistus

1. Kahvi-banaanipirtelöä varten sekoita ensin kahvi sokerin kanssa, kunnes se on liuennut. Jäähdytä jääkaapissa vähintään 30 minuuttia.
2. Sekoita tehosekoittimessa kahvi, banaanit, vanilja, mantelijyvät ja siirappi. Lisää jääkuutioita ja sekoita karkeaksi paloiksi.
3. Täytä kahvi-banaanipirtelö kahteen long drink -lasiin ja koristele kookoshiutaleilla.

52. Karamellisoitu viikunakakku kahvin kanssa

Ainesosat

- 60 g täysruokosokeria

- 3 rkl tomusokeria (ripottele viikunoiden päälle)
- 10 luomuviikunaa (tuore)
- 4 vapaan kananmunaa (keltuaiset ja valkuaiset erotettuna)
- 2 rkl pikakahvia
- 90 g täysjyväjauhoja
- 1 tl leivinjauhetta

Valmistautuminen

1. Kahvin kera karamellisoitua viikunakakkua varten pese viikunat, leikkaa ne pituussuunnassa kahtia, ripottele päälle tomusokeria ja laita hedelmät tasapuoli alaspäin vuoan pohjalle.
2. Vatkaa munankeltuaiset koko ruokosokerin kanssa kulhossa kuohkeaksi vaahdoksi. Sekoita jauhot erikseen kahvin ja leivinjauheen kanssa ja sekoita vähitellen kaikki munaseokseen.
3. Vatkaa lopuksi valkuaiset kovaksi vaahdoksi ja sekoita taikinaan. Sekoita joukkoon muutama ruokalusikallinen lunta löysäämään seosta ja taita sitten jäljellä oleva lumi taikinaan pyörivin liikkein kumilastalla.

4. Kaada seos vuoan viikunoiden päälle ja paista 25-30 minuuttia. Kakku on valmis, kun siihen vedetyssä hammastikussa ei ole enää taikinaa jäljellä.
5. Ota valmis karamellisoitu viikunakakku kahvin kanssa uunista ja käännä heti (muuten karamelli tarttuu vuokaan!). Mehukas jälkiruoka.

53. Avokado kahviuutteella

Ainesosat

- 2 palaa avokadoa
- 2 rkl ruskeaa sokeria
- 1 shotti konjakkia

- Kahviuute
- Muskottipähkinä (raastettu)

Valmistautuminen

1. Kahviuutetta sisältävää avokadoa varten kuori avokado ja tee massa, sokeri ja brandy tehosekoittimella.
2. Jaa tämä 4 kulhoon, kaada päälle tilkka kahviuutetta ja ripottele päälle muskottipähkinää.

54. Cantuccini-vanukas kahvikastikkeella

Ainesosat

- 100 g cantuccinia
- 50 g amarettoa
- 85 g voita (pehmeää)
- 35 g sokeria
- 3 munaa)
- 35 g sokeria
- 1 tl voita (pehmeää)
- 2 ruokalusikallista sokeria
- Kastikkeeseen:
- 250 ml kuohukermaa
- 50 grammaa sokeria
- 2 rkl pikakahvijauhetta

- 1 munankeltuainen

Valmistautuminen

1. Hienonna cantuccini ja amaretti kahvikastikkeella hienoksi myllyssä. Sekoita voi sokerin kanssa vaahdoksi. Erottele munat, sekoita keltuaiset hienonnetun cantuccini amarettin kanssa vaahtoon ja vatkaa valkuaiset kovaksi vaahdoksi. Ripottele joukkoon 35 g sokeria, jatka vatkaamista kunnes seos on vaaleaa ja kuohkeaa ja kääntele vaahtoseokseen.
2. Voitele muotit ja ripottele sokerilla, kaada seos joukkoon, laita muotit syvälle, täytä vuoka noin 3/4 korkeuteen kuumalla vedellä ja hauduta vanukas uunissa. Keitä kermavaahto ja sokeri, jätä miedolla lämmöllä 15 minuuttia, siivilöi.
3. Vatkaa kahvijauhe ja keltuainen, sekoita kuumaan kermavaahtoon, kiehauta uudelleen, mutta älä keitä enää, anna jäähtyä. Tarjoilua varten käännä vanukas lautaselle ja kaada päälle kahvikastike, ripottele cantuccini-vanukas kahvikastikkeella halutessasi tomusokerilla ja koristele kahvipavuilla ja kermasydämillä.

55. Munanvalkuaislasite kahvilla

Ainesosat

- 30 g munanvalkuaista (pastöroitu, vastaa 1 valkuaista)
- 200 g tomusokeria (hienoksi siivilöitynä, tarvittaessa hieman lisää)
- 30 ml rommia
- 1 tl kahvijauhetta (liuotettuna 10 ml:aan vettä)

Valmistautuminen

1. Laita valkuaiset sokerin kanssa kulhoon ja vatkaa kunnes seos on kiinteää ja vaahtoavaa.
2. Sekoita joukkoon liuennut kahvijauhe ja rommi.
3. Lämmitä valkuaiskuorrutetta hieman ennen sen levittämistä. Liuota siihen tarvittaessa vielä 10 g kookosöljyä.

56. Dalgona kahvi

Ainesosat

- 8 tl pikakahvia
- 8 tl sokeria
- 8 tl vettä (kuumaa)
- 100 ml maitoa
- Kaakaojauhe

Valmistautuminen

1. Sekoita kulhossa vispilällä pikakahvi, sokeri ja kuuma vesi.
2. Vatkaa 3-4 minuuttia, kunnes koostumus on kermainen.

3. Laita murskatut jääkuutiot lasiin, kaada maito niiden päälle.
4. Kaada kermainen kahvimassa maidon päälle, hienonna pinnalle hieman kaakaojauhetta.
5. Sekoita kerran ja nauti.

57. Banaanikahvi

Ainesosat

- 2 banaania (kypsiä)
- 1 tilkka sitruunamehua
- 2 tl vaahterasiirappia
- 1/2 tl kanelia
- 4 espressoa (kaksinkertainen)

Valmistautuminen

1. Banaanikahvia varten kuori ja muussaa ensin banaanit. Sekoita sitruunamehun,

vaahterasiirapin ja kanelin kanssa. Jaa banaanit 4 pieneen lämmönkestävään lasiin.
2. Valmista espresso ja lisää jokaiseen banaaniseokseen kaksinkertainen espressolaukaus (makeuta tarvittaessa etukäteen maun mukaan).
3. Tarjoile banaanikahvi ripauksella kanelia ripottuna.

58. Sielua lämmittävä kahvi

Ainesosat

- 500 ml kahvia (kuuma, vahva)
- 1 tähtianista
- 5 kardemumman paloa (vihreä)
- 75 g ruokosokeria (ruskeaa)
- 80 ml rommia
- Kermavaahtoa (paistettua)

Valmistautuminen

1. Saat sielua lämmittävämmän kahvin puristamalla ensin kardemummapalkoja huhmareessa siemenet erottamiseksi. Tämä voidaan tehdä myös manuaalisesti avaamalla

palot ja vetämällä siemenet pois. Käytä myös kulhoja, ne sisältävät paljon aromia.
2. Lisää tähtianista ja kardemummaa vastakeitettyyn kahviin ja anna hautua 20 minuuttia. Yrittää.
3. Mausta sokerilla ja sekoita, kunnes se on liuennut.
4. Kiehauta sitten uudelleen, poista lämmöltä ja lisää rommi.
5. Tarjoile sielua lämmittävä hupullinen kahvi.

59. Kahvi ja unikonsiemenjäätelö marinoituja kirsikoita

Ainesosat

- 1 kpl. Kahvi jäätelö
- 1 pala unikonjäätelöä kirsikoita varten :
- 200 g kirsikoita (kivettömiä)
- 100 ml Zweigelt
- 50 g balsamiviinietikkaa
- 1 vaniljatanko (puuroa)
- 1 kanelitanko koristeluun :
- 1 patukka suklaata
- 100 ml kermavaahtoa

Valmistautuminen

1. Keitä punaviini sokerin, vaniljamassan, kanelin ja etikan kanssa. Lisää sitten kirsikat ja anna kiehua vielä hetken, ota pois liedeltä ja anna kirsikoiden jäähtyä nesteessä.
2. Raasta suklaa isoiksi suikaleiksi raastimella, vatkaa kermavaahto kovaksi vaahdoksi.
3. Levitä kirsikat jälkiruokakulhoille, laita jäätelö päälle ja koristele kermalla ja suklaalla.

60. Vistula suklaa kahvijäätelö kanssa marinoituja marjoja

Ainesosat

- 1 pala jäätelöä
- 1 pala suklaajäätelöä
- 1 kpl. Kahvi jäätelö
- 1 rkl cashewpähkinöitä

Marjoille:

- 100 g marjoja (sekoitettuna esim. mustikoita, karhunvatukoita, herukoita, mansikoita, vadelmia)

- 4 rkl seljankukkasiirappia
- 1 tl sitruunamehua
- 10 mintun lehtiä

Valmistautuminen

1. Mausta marjat siirapilla, minttulla ja ohuiksi suikaleiksi leikatulla sitruunamehulla.
2. Pilko cashewpähkinät karkeasti.
3. Laita jäätelö kulhoon ja koristele marjoilla, hienonnetuilla pähkinöillä ja tuoreella mintulla.

61. Talvikardemumma ja kanelilatte

Ainesosat

- 1 tölkki kookosmaitoa (vaihtoehtoisesti vegaaninen kermavaahto)
- 6 kardemumma kapselia
- 2 kanelia.
- 160 ml kahvia
- 100 ml mantelimaitoa (tai kauramaitoa)
- Kaneli (jauhettu, ripottelua varten)

Valmistautuminen

1. Talven kardemumma-kanelilattea varten laita kookosmaito ensin jääkaappiin yön yli.

2. Ota seuraavana päivänä kookosmaito jääkaapista, poista kovettunut kookoskerma purkista ja kaada varovasti, sekoittamatta sitä nesteeseen, jäähtyneeseen kulhoon. Sekoita käsivatkaimella, kunnes se muuttuu kermaiseksi.
3. Laita kardemummaviipaleet ja kanelitangot isoon mukiin ja kaada niiden päälle vastakeitetty kahvi.
4. Kuumenna maito liedellä miedolla lämmöllä.
5. Siivilöi kardemummapalot ja kaneli, jaa kahvi kahteen kuppiin ja sekoita sitten lämpimään maitoon.
6. Kaada jokaiseen kuppiin 2-3 ruokalusikallista kookoskermaa ja ripottele talvikardemummakanelilattea kanelilla.

62. Kahviunelma Stevian kanssa

Ainesosat

- 120 g soijakermaa
- 250 g QuimiQ natural (1 pakkaus vaihtoehtoisesti
  180 g Rama Cremefine lehmälle)
- 1 rkl riisisiirappia
- 2 tl stevia-rakeita
- 2 rkl viskiä (tai brandyä tai rommia)
- 1/4 tl bourbon-vaniljajauhetta
- 1 kuppi(a) pientä espressoa (makeutettu 1/2 teelusikalla steviarakeita)

Koristella:

- Suklaa kahvipavut

Valmistautuminen

1. Kahviunnelmaan soijavaahtoa ja kylmää. Vatkaa sitten QuimiQ, riisisiirappi, stevia, viski ja vanilja vaahdoksi. Lisää sitten kahvi ja sekoita hyvin mikserillä alhaisella teholla.
2. Sekoita soijavaahdon kanssa, kaada muotteihin ja jäähdytä 1-2 tuntia.
3. Koristele soijakermavaahdolla ja suklaakahvipavulla.
4. Ripottele Coffee Dreamiin kanelia maun mukaan.

63. Pääsiäismuna-cappuccino

Ainesosat

- 1 suklaamuna (tyhjä, iso)
- 1 espresso (kaksi)
- 125 ml maitoa
- 1 ripaus munanukkua
- Suklaa sprinklejä (valinnainen)

Valmistautuminen

1. Pääsiäismunalikööri Cappuccinoa varten kääri muna ensin puoliväliin alumiinifoliosta. Löysää kansi varovasti yläosasta. Aseta muna sopivaan mukiin (mieluiten cappuccinokuppiin).
2. Valmista kaksoisespresso. Kuori maito kiinteäksi maitovaahdoksi juuri ennen tarjoilua. Kaada nyt nopeasti ensin espresso, sitten vähän maitoa maitovaahdolla ja munalikööri suklaamunaan.
3. Koristele pääsiäismunalikööri cappuccino suklaarohkeilla halutessasi.

64. Kahvikulmat

Ainesosat

- 170 g voita
- 80 g hienoa tomusokeria
- 1 keltuainen (tai 1 valkuainen)
- 10 g vaniljasokeria
- 1 ripaus suolaa
- 250 g vehnäjauhoja (tavallisia)
- Kahvivoikerma (täytteeksi)
- Ehkä jotain fondanttia (koristeeksi)
- Aprikoosi- tai herukkahillo (harjaamiseen)
- Valinnainen suklaakuorrutus

Valmistautuminen

1. Sekoita kaikki ainekset nopeasti taikinaksi, jäähdytä vain hetken aikaa tarvittaessa.
2. Kauli taikina n. 2 mm ja leikkaa pikkuleikkurilla keksit. Voit myös leikata ympyröitä ja leikata ne veitsellä neljään osaan.
3. Laita kimmoisat viipaleet valmiille uunipellille ja paista 165°C:ssa noin 12-15 minuuttia.
4. Jäähdytä, laita yhteen voikermaosastoon, peitä kansi hillolla, kuorruta fondantilla ja koristele jäähtyneenä spraykuorruteella.
5. Ehkä koristele suklaakahvipavuilla tai hopeahelmillä.

65. Kahvijäätelö tikussa

Ainesosa

- 480 ml kahvia (riippuen muottien koosta)
- vähän sokeria (tarvittaessa)

Valmistautuminen

1. Valmista jäätelöä varten kahvi tavalliseen tapaan. Makeuta halutessasi sokerilla ja varmista, että sokeri on täysin liuennut. Anna jäähtyä hieman.
2. Kaada kahvi jäätelömuotteihin. Jäähdytä useita tunteja.
3. Ennen kuin irrotat jäätelön tikusta, pidä muotteja hetken lämpimän veden alla, jotta jäätelö liukenee helpommin.

67. Cappuccino tryffeli

Ainesosat

- 100 g tummaa suklaata
- 150 g mokkaa suklaata
- 60 ml kahvia (turkkilaista kahvia)
- 65 ml kuohukermaa
- ½ rkl voita (pehmeää)
- 1 ripaus sokeria (hieno kristalli)

Valmistautuminen

2. Pilko cappuccino tryffeleitä varten suklaa pieniksi paloiksi ja sulata ne höyryssä.

3. Sekoita sulatettu suklaa huoneenlämpöisen voin, kahvin ja kermavaahdon kanssa.
4. Anna jäähtyä hieman.
5. Heti kun massa on jäähtynyt, irrota siitä pienet palaset ja muotoile niistä praliinipalloja. Jos kostutat kädet välillä, on paljon helpompi rullata.
6. Pyöritä cappuccino-tryffelit halutessasi sokerissa, kookospähkinässä, hienonnetuissa pähkinöissä tai hienonnetuissa pistaasipähkinöissä ja laita kauniisiin praliinimuotteihin.

68. Yksinkertainen kahvikakku

Ainesosat

- 150 g voita (sulatettuna)
- 200 g sokeria
- 1 muna
- 250 ml kahvia (musta)
- 400 g jauhoja (tavallisia)
- 1 paketti leivinjauhetta
- 1 paketti vaniljasokeria
- hieman sitruunan kuorta (maun mukaan)
Valmistus

1. Vatkaa lämmitetty voi, sokeri ja muna suuressa kulhossa vaahdoksi. Sekoita sitten joukkoon jauhot, joihin on sekoitettu leivinjauhe, vaniljasokeri, sitruunankuori ja kahvi.
2. Kaada taikina voideltuun tai leivinpaperilla vuorattuun uunivuokaan (rasia, kakkuvuoka tai kakkuvuoka tai uunipellille mielesi mukaan).
3. Paista n. 175°C (ilmauuni) vähintään 45 minuuttia, tarkista sitten ja paista vielä 10 minuuttia tarvittaessa.

69. Jääkahvi

Ainesosat

- 1 l kermavaahtoa
- 1 kpl. Vaniljatanko
- 200 g mokkakahvia (vahvasti paahdettua ja raastettua)
- 8 kpl. Munankeltuaiset
- 400 g tomusokeria
- Kermavaahtoa (ja onttoja koristeeksi)

Valmistautuminen

1. Jääkahvia varten keitä ensin kermavaahto vaniljalla ja sekoita se vasta raastettuun mokkakahviin. 20 minuutin lepäämisen jälkeen kananmunankeltuaiset sekoitetaan tomusokerin kanssa vaahdoksi ja sekoitetaan sitten siivilöidyn kahvikermaseoksen kanssa alimmalla liekillä.
2. Tuloksena oleva massa jäähdytetään voimakkaasti ja jääkahvi tarjotaan sen jäähtymisen jälkeen korkeissa laseissa, joissa on vaahdotus ja ontot tikut.

70. Banaani ja suklaakahvi

Ainesosat

- 2 rkl sitruunamehua
- 1 ruokalusikallinen sokeria
- 1 ripaus vaniljamassaa
- 1 banaani
- 2 rkl suklaasiirappia
- 400 ml kuumaa kahvia vastakeitettynä
- 150 ml maitoa
- kaakaojauhe ripottelua varten
Valmistusvaiheet

1. Kiehauta sitruunamehu sokerin, vaniljan ja 100 ml:n veden kanssa kattilassa. Kuori ja

kuutioi banaani. Kaada kattilaan, hauduta 1-2 minuuttia ja ota pois lämmöltä. Anna jäähtyä hieman ja kaada sitten 4 lasiin.

2. Sekoita siirappi kahviin ja kaada varovasti banaanien päälle 2 ruokalusikallista lukuun ottamatta. Kuumenna loput kahvista maidon kanssa ja sekoita kunnes se vaahtoaa. Kaada kahvin päälle ja tarjoile kaakaolla ripottuna.

71. Irlantilainen kahvi

Ainesosat

- 100 ml irlantilaista viskiä
- 4 kuppia kuumaa kahvia
- 3 rkl ruskeaa sokeria
- 100 g kermavaahtoa
- raakasokeri koristeluun

1. Kuumenna kahvi, viski ja sokeri hyvin sekoittaen ja liuottamalla sokeri ja kaada sitten esilämmitettyihin laseihin.
2. Vatkaa kerma kevyesti ja tarjoile kahvin päälle, ripottele päälle hieman fariinisokeria.

72. Kahvi ja naudanlihapurkit

Ainesosat

- 150 g jauhoja
- 50 g kaakaojauhetta (hieman rasvaton)
- 50 g hasselpähkinöitä (jauhettu)
- 1 tl leivinjauhetta
- suola-
- 2 kananmunaa (koko M)

- 150 grammaa sokeria
- 2 tl kahvia (liukoinen, n. 10 g)
- 6 rkl rypsiolutta
- tomusokeria (muokkausta varten)

Valmistautuminen

1. Kahvi- ja pähkinäpalaa varten esilämmitä uuni ensin 180 °C:seen. Vuoraa kaksi uunipeltiä leivinpaperilla. Sekoita kulhossa jauhot, kaakaojauhe, jauhetut hasselpähkinät, leivinjauhe ja ripaus suolaa.
2. Vatkaa munat, sokeri, pikakahvi ja rypsiöljy suuressa kulhossa sauvasekoittimella vaahdoksi. Lisää kuivat aineet ruokalusikallinen kerrallaan ja sekoita kaikki nopeasti taikinaksi.
3. Kaavi taikinasta teelusikalla saksanpähkinän kokoiset osat ja laita ne kasaan leivinpellille toisella teelusikalla jättäen tilaa.
4. Kahvipolku puree uuniin (keskellä). Paista 12-13 minuuttia per vuoka. Poista, poista pelliltä leivinpaperilla ja anna jäähtyä ritilälle. Rouhi kidesokerilla.

73. Nutella vadelma tiramisu

Ainesosat

- 250 g vadelmia
- 250 ml kuohukermaa
- 3 kananmunaa (tuore)
- 500 g mascarponea
- 24 ladysormea
- 250 ml kahvia (vahvaa)
- 350 g Nutellaa
- Kaakaojauhe (ripotukseen)
- Vadelmat (koristeeksi) Valmistus

1. Keitä kahvi ja anna sen jäähtyä hieman.
2. Pese ja soseuta vadelmat.

3. Vatkaa kerma kulhossa kovaksi vaahdoksi, sekoita munat toisessa kulhossa vaahdoksi. Lisää kermavaahto ja mascarpone, sekoita varovasti.
4. Upota sienisormet kahviin ja peitä muodon (esim. vuoka) pohja. Sekoita loput kahvista Nutellan kanssa.
5. Levitä mascarpone-kermaa keksien päälle ja kaada päälle Nutella-kerma ja muussatut vadelmat. Jatka tässä järjestyksessä, kunnes kaikki ainekset on käytetty (viimeistele mascarpone-kerma).
6. Laita tiramisu jääkaappiin vähintään 2 tunniksi.
7. Ripottele päälle kaakaojauhetta ja koristele vadelmilla ennen tarjoilua.

74. Raaka-banaani tiramisu

Ainesosat

- 250 ml kahvia (vahvaa)
- 1 shotti rommi (valinnainen)
- 200 ml kermavaahtoa
- 250 g rahkaa
- 400 g mascarponea
- 50 g tomusokeria (tai miten haluat)
- 4 banaania
- 200 g ladyfingers
- Kaakaojauheen valmistus (sprinkleille).

1. Keitä kahvi, anna jäähtyä hieman ja sekoita tilkka rommia.
2. Vatkaa kulhossa kermavaahto kovaksi vaahdoksi. Sekoita joukkoon rahka,

macarpone ja tomusokeri. Kuori ja viipaloi banaanit.

3. Kasta ladysormet kahvin ja rommin seokseen ja laita ne uunivuokaan. Peitä kerros mascarpone-kermaa, päälle banaaniviipaleet ja ladyfingers. Jatka kokoa, kunnes kaikki ainekset on käytetty (viimeistele kerroksella mascarpone-kermaa).
4. Jäähdytä vähintään 2 tuntia ja ripottele päälle kaakaojauhetta ennen tarjoilua.

75. Kassavakakku kahvilla ja kookospähkinällä

Ainesosat

- 3 kupillista raakaa maniokkia (kassava) monitoimikoneessa

- 3 kupillista sokeriteetä
- 3 ruokalusikallista voita
- ¼ kuppia Santa Clara -kahviporoa
- ¼ kuppia maitoa
- 3 munanvalkuaista
- 3 helmiä
- ½ kuppi raastettua parmesaanijuustoa
- 100 grammaa kookosraastetta
- 1 rkl leivinjauhetta
- 1 ripaus suolaa

Valmistautuminen

1. Laita maniokki prosessoriin, laita se liinaan, purista hyvin ja hävitä maito. Levitä taikina muottiin ja laita sivuun. Vatkaa voi ja sokeri sähkövatkaimessa. Kun se on valkoista, lisää munankeltuaiset, juustoraaste, kahvi ja maito. Vatkaa, kunnes kaikki ainekset ovat hyvin sekoittuneet. Lisää maniokkimassa ja kookos. Sekoita lastalla. Lopuksi hiiva ja valkuaiset lumessa, sekoita lastalla. Paista valitsemassasi voidellisessa uunissa 180 asteessa noin 40 minuuttia tai kunnes pinta on kullanruskea.

76. Kahvi Busserln

Ainesosat

- 4 kpl munanvalkuaista (120 g)
- 1 paketti kiekkoja (halkaisija 40 mm)
- 4 ruokalusikallista mokkaa
- 200 g tomusokeria (tomusokeria)

Valmistautuminen

2. Erottele munat kahvilastuja varten. Sekoita valkuaiset, sokeri ja mokka ja vatkaa huolellisesti vesihauteessa. Ota pois vesihauteesta ja jatka vatkaamista, kunnes massa on jäähtynyt.

3. Asettele vohvelit leivinpaperilla vuoratulle pellille ja levitä seos pienissä erissä vohveleiden päälle ihotäyttöpussilla. Jätä vohvelin pieni reuna massan ympärille - pullat irtoavat vielä paistamisen aikana. Jos sinulla ei ole vohveleita kotona, voit levittää Busserlia suoraan leivinpaperille.
4. Paista kahvipapuja noin 150°C:ssa noin 30 minuuttia.

77. Espresso- ja pinjansiemenvohvelit

Ainesosat

- 50 g pinjansiemeniä
- 2 tl espressopapuja
- 125 g voita (pehmeää)
- 100 g sokeria
- 1 paketti bourbon-vaniljasokeria
- 3 kananmunaa (koko M)
- 250 g vehnäjauhoja
- 1 tl leivinjauhetta
- 75 g kermavaahtoa
- 1/8 espressoa (vastakeitetty, jäähdytetty)
- 1 ripaus suolaa
- Rasvaa (vohvelirautaa varten)

Valmistautuminen

1. Paahda pinjansiemeniä pannulla kullanruskeiksi espressopinjansiemeniä ja anna niiden jäähtyä hieman. Hienonna espressopavut terävällä veitsellä hienoksi.
2. Vatkaa voi, 50 g sokeria ja vaniljasokeri vaahdoksi. Erottele munat. Sekoita munankeltuaiset voin ja kerman joukkoon. Sekoita jauhot, leivinjauhe ja pinjansiemeniä ja sekoita joukkoon vuorotellen kermavaahdon, espresson ja espressopapujen kanssa.
3. Vatkaa valkuaiset suolan ja muun sokerin kanssa paksuksi vaahdoksi ja kääntele.
4. Esilämmitä vohvelirauta, voitele leivinpinnat ohuesti. Laita noin 2 ruokalusikallista taikinaa alaselän keskelle ja sulje vohvelirauta. Paista vohveleita n. 2 minuuttia rapeaksi ja vaaleanruskeaksi.
5. Espresso- ja pinjansiemenvohvelit Ota pois, laita ritilälle ja jatka taikinan kanssa samalla tavalla.

78. Kahvikupit Evästeet

Ainesosat

- 50 g voita
- 150 g jauhoja
- 2 ruokalusikallista kaakaota
- 1 ripaus leivinjauhetta
- 50 g tomusokeria
- 1 ripaus suolaa
- 1 muna
- 2 rkl kahvia (vahvaa)

Valmistautuminen

1. Leikkaa kahvikuppikeksejä varten voi pieniksi paloiksi. Siivilöi jauhot, leivinjauhe ja kaakao. Sekoita kaikki ainekset suolan ja tomusokerin kanssa, vatkaa muna ja sekoita joukkoon kahvi ja vaivaa nopeasti tasaiseksi taikinaksi. Anna levätä jääkaapissa noin 1 tunti.
2. Kauli taikina jauhotetulla alustalla ja leikkaa niistä sydämet kaupasta saatavalla cupcake-vuokalla ja laita leivinpaperilla vuoratulle pellille.
3. Paista kahvikuppikeksejä 180 asteeseen esilämmitetyssä uunissa noin 10 minuuttia.

79. Cappuccino-marmorinen hyytelökakku

Ainesosat

- 125 g voita
- 150 grammaa sokeria
- 4 munaa
- 1 paketti vaniljasokeria
- 1 ripaus suolaa
- 250 g jauhoja (tavallisia)
- 1/2 pkg leivinjauhetta
- 2 rkl maitoa
- 4 rkl cappuccinojauhetta
- Tomusokeri (ripoitusta varten) Valmistus

1. Jos kyseessä on cappuccino-marmori ugelhupf, vatkaa voi ensin vaahdoksi. Sekoita puolet sokerista munankeltuaisen ja vaniljasokerin kanssa erikseen vaahdoksi. Sekoita molemmat massat.
2. Siivilöi jauhot leivinjauheen kanssa. Vatkaa valkuaiset lopun sokerin ja ripaus suolaa kanssa kovaksi vaahdoksi. Sekoita molempia varovasti vuorotellen.
3. Siirrä puolet taikinasta toiseen kulhoon. Sekoita cappuccinojauhetta maitoon, kunnes et enää näe kokkareita. Sekoita joukkoon puolet taikinasta.

4. Voitele ja jauhota pullamuotoinen (tai ripottele päälle korppujauhoja). Kaada ensin vaaleaa, sitten tummaa massaa ja pujota sen läpi tikulla marmorointiin.
5. Paista 150°C esilämmitetyssä uunissa noin 50 minuuttia.
6. Käännä cappuccino-marmorikakku ulos ja ripottele päälle tomusokeria.

80. Avocado kahvi lasissa

Ainesosat

- 4 avokadoa (pieni, kypsä)
- 4 rkl mantelimaitoa (makeaa)

- 4 tl chia-siemeniä
- 1 ripaus kanelijauhetta
- 200 g jogurttia (10 % rasvaa)
- 600 ml kahvia

Valmistautuminen

1. Puolita avokado, poista kivi ja poista hedelmäliha kuoresta.
2. Soseuta mantelimaidolla ja chia-siemenillä ja mausta kanelilla.
3. Jaa avokadoseos 4 lasiin. Laita jogurtti päälle ja kaada hitaasti vastakeitetty kahvi (mieluiten täysautomaattisesta koneesta) lusikan selän päälle.
4. Aseta pilli ja tarjoile.

PUHUA

81. Kermaviipaleet

Ainesosat

- 1 rkl voita
- 3 ruokalusikallista sokeria
- 200 g vaahdotettua täytettä
- 200 ml maitoa
- Valkoisen leivän valmistus (edellinen päivä).

1. Karamellisoi 1 rkl voita ja 3 rkl sokeria kattilassa.
2. Kaada sitten joukkoon kermavaahto ja maito. Keitä kunnes sokeri on liuennut.
3. Leikkaa leipä viipaleiksi ja paahda hieman kirkastetussa voissa molemmin puolin kullanruskeiksi. Laita leipäviipaleet kulhoon ja kaada niiden päälle maito-sokeriseos.
4. Laita lämpimänä lautaselle ja tarjoa kahvin tai makean viinin kanssa

(Trockenbeerenauslese).

82. Hedelmäkakku

Ainesosat

- 150 g voita
- 100 g tomusokeria
- 3 munankeltuaista
- 2 munanvalkuaista
- 50 g tomusokeria
- 180 g jauhoja (tavallisia)
- 4 g leivinjauhetta
- 100 ml maitoa
- 100 g rusinoita
- 50 g sitruunan kuorta (silputtuna)
- 50 g aranzini (silputtuna)

- 50 g ruokasuklaata (hienonnut)
- vaniljaa (tai muuta sokeria)
- Sitruunan kuori (raastettu)
- suola-

Valmistautuminen

1. Sekoita voi tomusokerin, ripaus suolan, vaniljamassan tai sokerin ja raastetun sitruunankuoren kanssa vaahdoksi. Sekoita joukkoon munankeltuaiset vähitellen. Vatkaa valkuaiset kidesokerin kanssa lumeksi. Kääntele voiseoksen joukkoon. Sekoita jauhot leivinjauheeseen, sekoita seokseen ja kaada joukkoon maito. Sekoita joukkoon rusinat, sitruunankuori, aranzini ja suklaa. Kaada seos gugelhupf-muottiin, joka on peitetty voilla ja ripattu jauhoilla. Paista esilämmitetyssä uunissa 160 asteessa noin 55 minuuttia.

83. Caipirinha-muffinit

Ainesosat

- 300 g jauhoja
- 1 1/2 tl leivinjauhetta
- 1/2 tl leivinjauhetta ☐ 1 no.
- 300 g jogurttia (luonnollinen)
- 150 grammaa sokeria
- 100 ml öljyä
- 4 limeä
- 50 ml rommia (valkoista tai cachacaa)
- 50 g suklaata (valkoinen)
- 1 rkl rommia (valkoinen)
- hieman rasvaa (muotoon) Valmistus

2. Sekoita caipirinha-muffinsseihin ensin jauhot leivinjauheeseen ja leivinjauheeseen.
3. Kuumenna uuni 200°C:een.
4. Sekoita kulhossa munat, jogurtti ja sokeri. Pese limetit hyvin, hiero kuoret ja purista.
5. Sekoita 3 limen mehu ja kuori valkoiseen rommiin. Lisää jauhoseos ja sekoita kosteaksi. Voitele 12 muffinivuokia ja kaada taikina joukkoon. Paista muffinsseja noin 25-30 minuuttia. Purista toinen puolikas limetistä ja leikkaa kuoresta ohuita nauhoja.
6. Leikkaa suklaa paloiksi ja sulata. Sekoita mehu ja rommi ja levitä vielä lämpimien muffinien päälle.

84. Mango-kookosenergiapallot

Ainesosat

- 100 g Seeberger Mangoa (kuivattu hedelmä)
- 200 g Seeberger-taateleita (siementetty)
- 75 g Seeberger-polkusekoitusta
- 70 ml vettä ☐ 2 rkl kookoshiutaleita ☐

Käärimiseen:

- 2 rkl kookoshiutalevalmistetta

1. Kiehauta mango-kookosenergiapalloja varten vesi.
2. Sekoita kaikki ainekset keskenään ja sekoita hyvin blenderissä. Halutusta koostumuksesta riippuen voidaan lisätä hieman enemmän vettä.
3. Kostuta kädet ja muotoile seoksesta samankokoisia palloja.
4. Pyöritä sitten kookoshiutaleissa.
5. Laita jääkaappiin muutamaksi tunniksi.

85. Ruiskukka- ja päivänkakkarapuuroa

Ainesosat

- 1 omena (pieni)
- 12 ruokalusikallista kaurapuuroa
- 400 ml maitoa
- 3 tl hunajaa
- 6 tl ruiskukankukkia (kuivattuja)
- 2 rkl koiranputkea

Valmistautuminen

1. Kuori omena, poista ydin ja hiero raastimen karkeaa puolta.

2. Laita omenaraastettu omena, kaurahiutaleet ja maito kattilaan ja anna kiehua koko ajan sekoittaen, kunnes puuro on sopivan koossa.
3. Lisää hunaja ja ruiskukka ja sekoita. Kaada kulhoihin ja ripottele päivänkakkarien päälle.

86. Colomba-vanukas kahvin kanssa

Ainesosat

- 6 viipaletta hienonnettua colombaa
- 150 ml Premium 3 Hearts -kahvia, valmistettu 150 ml:sta vettä ja 2 ruokalusikallista kahvia
- 100 ml appelsiinimehua
- 1 rkl appelsiinin kuorta
- 1 rkl voita voiteessa
- Kanelijauhetta maun mukaan
- 1 rkl kidesokeria maun mukaan kanelilla

Valmistautuminen

1. Laita Colomba-palat kulhoon. Lisää kahvi, voi, appelsiinimehu ja kuori. Lisää lopuksi kaneli.
2. Sekoita hyvin ja laita kaikki leivinpaperilla vuorattuun kakkuvuokaan. Ripottele sokeria kanelilla ennen kuin laitat sen esilämmitettyyn uuniin (180 °C) 40 minuutiksi.

87. Maapähkinävoi ja Espresso Sandwich

Ainesosat

- 1 lasillinen 200 grammaa maapähkinävoita
- 1 kuppi espressokahvia (tai vahvasti jauhettua)
- 1 lasillinen punaista hedelmähyytelöä
- Valitsemasi leipäviipaleet

Valmistautuminen

1. Levitä maapähkinävoi kahvin kanssa monitoimikoneessa.
2. Valmista voileipä levittämällä toiselle viipaleelle maapähkinävoita ja kahvia ja toiselle marjahilloa. Laita viipaleet voileipään ja olet valmis!

88. Makea maito- ja kahvipiirakka

Ainekset (taikina)

- 200 grammaa murskattuja maissitärkkelyskeksejä
- 100 grammaa voita
- ½ kuppia kuumaa seulottua Pimpinela Golden - kahvia
- 1 tl kemiallista hiivaa

Valmistautuminen

1. Kuumenna uuni 180°:een.
2. Sulata voi kahvissa ja sekoita se vähitellen jo hiivaan sekoitettuun murskattuun keksiin.

Vuoraa irrotettava jousimuoto (halkaisija 20 cm) 1/2 cm:n korkeuteen. Paista 30 minuuttia.
3. Poista ja odota jäähtymään.

89. Suklaamaapähkinäpatukka

Ainesosa

- 250 grammaa suklaata sekoitin maidon ja tumman suklaan
- 400 grammaa jauhoja
- 1 tl leivinjauhetta
- Pilko 250 grammaa voita
- Kaurapuuro 300 grammaa
- 100 grammaa ruskeaa sokeria
- 100 grammaa suolattuja ja hienonnettuja pähkinöitä, mieluiten sekoitus
- 2 pientä munaa

Kermalle

- 80 grammaa rapeaa maapähkinävoita
- Maitotiiviste 200 ml
- 200 ml milk maid makeaa ja kermaista kondensoitua maitoa

Valmistautuminen

1. Pilko kahta erilaista suklaata - ei liian hienoksi, ei liian karkeaksi. Käytä leivinjauhetta ja voita sekoittaaksesi jauhot murenevaksi taikinaksi. Lisää kaurahiutaleet, fariinisokeri ja hienonnetut pähkinät ja sekoita kaikki.
2. Laita osa korppujauhoista (noin neljäsosa) hienonnetun suklaan kanssa toiseen kulhoon. Et tarvitse tätä seosta enää.
3. Lisää munat jäljellä oleviin muruihin, sekoita kaikki ja laita taikina leivinpaperilla vuoratun uunipellin pohjaksi. Paina alas kunnolla - Laita siihen pieni kaulin, jotta kaikki on tasaista ja sileää. Paista taikinaa 180 asteessa ylösalaisin noin 15 minuuttia.
4. Sekoita kondensoitu maito ja makeutettu kondensoitu maito maapähkinävoin kanssa. Tavallista kondensoitua maitoa ei välttämättä tarvitse sekoittaa hieman täyteläiseen

maitohelmeen. Parhaat tulokset saatiin kuitenkin koostumuksen ja maun suhteen.
5. Kaada maapähkinöiden ja maidon seos vastaleivotun, hieman jäähtyneen pohjan päälle. Se on suhteellisen nestemäinen! Ripottele loput taikina- ja suklaaseos murun päälle, paina hieman alas ja paista noin 20 minuuttia. Sopivan ajan löytäminen poistamiselle ei ole helppoa. On parasta ottaa se uunista hieman nopeammin. Koska on kylmä ja kaikki muuttuu vaikeammaksi. Leikkaa se baariksi tai neliöksi ja nauti!

90. Kahvikeksejä

Ainesosat

Taikinaa varten:

- 160 g jauhoja
- 80 g tomusokeria
- 80 g pähkinöitä
- 1 tytär ⬜ 1 rkl rommia
- 120 g voita
- 2 rkl kahvia (vahvaa) Kermalle:

- 80 g voita (pehmeää)
- 80 g tomusokeria ⬜ 2 rkl kahvia (vahvaa)

- 1 rkl rommia kuorrutetta varten :
- 70 g tomusokeria
- 2 1/2 rkl kahvia
- 1 tippa öljyä (kookosöljyä) valmistetta

1. Sekoita kaikki ainekset taikinaksi ja anna hyytyä jääkaapissa 1 tunti.
2. Kauli taikina ja leikkaa ympyröitä ja paista 175 asteessa noin 8 minuuttia.
3. Vatkaa kermaa varten voi sokerin kanssa vaahdoksi ja sekoita sitten hitaasti rommi ja kahvi joukkoon.
4. Täytä jäähtyneet keksit kermalla.
5. Sekoita kuorrutetta varten kaikki keskenään, kunnes saat levittyvän massan.
6. Voitele kahvikeksit kuorrutteella ja koristele mokkapavulla.

91. Kahvikuorrutus

Ainesosat

- 250 g tomusokeria
- kuuma vesi
- vähennetty kahvi
- 1 rkl maidon valmistusta

1. Kahvikuorrutusta varten kiehauta kahvi ja hauduta hitaasti kattilassa, kunnes muodostuu viskoosi massa. Tämä antaa lasiteelle sen kauniin mokkanahan ruskean värin.
2. Sekoita nyt hitaasti vettä ja kahvia seulotun kidesokerin joukkoon, kunnes muodostuu

tasainen, nestemäinen seos. Sekoita lopuksi maito kahvikuoreen joukkoon.

92. Kahvi Busserl

Ainesosat

- 4 kpl munanvalkuaista (120 g)
- 1 paketti vohveleita (halkaisija 40 mm)
- 4 ruokalusikallista mokkaa
- 200 g tomusokeri (tomusokeri)

valmistus

1. Erottele munat kahvilastuja varten. Sekoita valkuaiset, sokeri ja mokka ja vatkaa huolellisesti vesihauteessa. Ota pois

vesihauteesta ja jatka vatkaamista, kunnes seos on jäähtynyt.
2. Aseta vohvelit leivinpaperilla päällystetylle uunipellille ja levitä seos pienissä erissä vohveleille nahkaisen täytepussin avulla. Jätä taikinan ympärille pieni reunus vohveleista - sämpylät irtoavat silti paistamisen aikana. Jos sinulla ei ole vohveleita kotona, voit levittää Busserlia suoraan leivinpaperille.
3. Paahda kahvipavut n. 150°C n. 30 minuuttia.

93. Mokka-keksejä

Ainesosat

Mokka taikina:

- 125 g voita ◦ 90 g sokeria ◦ 1 no.
- 110 g jauhoja
- 60 g hasselpähkinöitä (jauhettu)
- 2 rkl pikakahvijauhetta

Lasite:

- 125 g tomusokeria
- 2 tl pikakahvijauhetta
- 3-4 rkl vettä

valmistautuminen

1. Vatkaa mokkakakkuja voi ja sokeri vaahdoksi ja vatkaa sitten muna.
2. Sekoita joukkoon jauhot ja hasselpähkinät. Liuota kahvi pieneen veteen ja sekoita. Aseta 2 tl:n pinot pellille ja paista 8-10 minuuttia 200°:ssa.
3. Anna jäähtyä. Sekoita tomusokeri kahviin ja veteen lasiteeksi. Laita kullekin keksille tilkka kuorrutetta ja koristele mokkapavulla.

94. Espresso Brownies

Ainesosat

- 500 g katkeraa suklaata
- 75 ml espressoa (vastakeitetty)
- 300 g voita
- 500 g sokeria (ruskeaa)
- 6 munaa (huoneenlämpöinen ja keskikokoinen)
- 250 g jauhoja
- 2 ripaus suolaa
- 4 rkl espressopapuja (kokonaisia)
- Voita (pellille)
- Jauhoja (pellille)

valmistautuminen

1. Pilko suklaa espresso browniesille. Keitä espresso, voi ja sokeri ja laita sivuun. Sekoita joukkoon 400 g suklaata ja anna sulaa. Anna sen sitten jäähtyä noin 10 minuuttia. Kuumenna uuni 180 °C:seen. Voitele vuoka ja ripottele jauhoilla.
2. Sekoita munat toisensa jälkeen suklaaseokseen n. 1 minuutti. Sekoita joukkoon jauhot, suola ja loput suklaasta. Levitä taikina pellille ja ripottele päälle espressopapuja. Paista uunissa 160°C n
3. 25 minuuttia.
4. Anna jäähtyä ja leikkaa espresso brownet isoiksi paloiksi.

95. Kahvilikööri vaniljalla

Ainesosat

- 75 g kahvipapuja
- 175 g kivikaramellia
- 2 vaniljatankoa
- 700 ml ruskeaa rommia (40

tilavuusprosenttia) valmistetta

1. Laita kahvilikööriä varten kahvipavut pakastepussiin ja murskaa ne vasaralla, mutta älä jauha.
2. Kaada kivisokeri ja viipaloitu vaniljatanko puhtaaseen, keitettyyn pulloon. Kaada rommi joukkoon ja sulje pullo hyvin tiiviisti.

3. Laita likööri pakastimeen viikoksi ja ravista voimakkaasti joka päivä. Kaada hienon siivilän läpi ja kaada takaisin pulloon. Säilytä kahvilikööri viileässä ja säilytä sitten 2-3 kuukautta.

96. Kastanjakermakuorrutus maustekahvin päällä

Ainesosat

- 200 g kastanjasosetta (tai kastanjariisiä)
- 200 ml kermavaahtoa
- 100 ml maitoa
- 24 g tomusokerivalmistetta

1. Kastanjakermatäytettä varten sekoita kaikki ainekset hyvin, kunnes tomusokeri on liuennut ja muodostuu kermainen seos.

2. Kaada seos 0,5 l iSi Whipperiin, kierrä iSi Cream -laturi paikalleen ja ravista voimakkaasti. Jäähdytä jääkaapissa 1-2 tuntia.
3. Lisää kuppiin 1 tl vaniljasokeria, $\frac{1}{2}$ tl appelsiinin kuorta ja ripaus kutakin kanelia, inkivääriä ja kardemummaa. Kaada päälle vastakeitetty kahvi. Tarjoa lämpimänä täytteen kanssa ja nauti heti

97. Kahvikakkupoppareita

Ainesosat

- 160 g mascarponea
- 1 rkl espressoa
- 1 tl kahvilikööriä
- 150 g ladyfingers (hienoksi murskattu)
- 110 g kansi (valkoinen)
- muutama tippa öljyä
- 50 g peite (tumma) valmistetta

1. Kahvikakkupoppia varten sekoita ensin mascarpone kahviin ja kahvilikööriin. Sekoita sitten joukkoon keksimuruja niin, että muodostuu kiinteä massa, joka on helposti

muotoiltu palloiksi ja joka ei tartu käsiin. Pyörittele samankokoisia palloja ja laita jääkaappiin noin puoleksi tunniksi.
2. Sillä välin sulata valkoinen kuori muutamalla tippa öljyä vesihauteessa. Kasta varret toisesta päästä ja työnnä ne palloihin. Anna jäähtyä, kunnes suklaa on hyvin kuivunut.
3. Voitele sitten kakkupapit kirkkaalla pinnoitteella kääntelemällä niitä jatkuvasti. Jäähdytä taas noin puoli tuntia, jotta kuorrute kuivuu hyvin.
4. Sulata sillä välin tumma kuori pienellä määrällä öljyä. Tyhjennä kakkupoppien yläosat ja anna kahvikakkupoppien kuivua uudelleen viileässä paikassa ennen syömistä.

98. Jääkahvi aniksella ja lakritsilla

Ainesosat

- 6 Nespresso-kapselia
- 1 tl aniksen siemeniä (pieniä; jauhettuja)
- 1 tikku lakritsia
- 1 rkl hunajaa ▢ 7 mintunlehteä (tuore) ▢ Jääpalamateriaalit:
- 2 vesikuorrutetta (110 ml)
- 1 lasi

valmistautuminen

1. Valmista 6 espressoa valitsemallasi Nespresso-kahvilla.
2. Yhdistä espresso jauhettujen aniksensiementen, kaksiosaisen lakritsinjuuren ja hunajan kanssa kylmässä lasikannussa. Anna liota 10 minuuttia.
3. On parasta laittaa kannu jääkuutioita sisältävään ämpäriin, jotta seos jäähtyy.
4. Kaada jääkylmiin laseihin ja koristele tuoreilla mintunlehdillä, puolikkaalla lakritsinjuurella ja muutamalla jääkuutiolla.

99. Kahvirulla

Ainesosat

- keksi

Täytteeksi:

- 125 ml kahvia
- 125 ml vettä
- 100 g tomusokeria
- 50 g jauhoja
- 1 paketti vaniljasokeria
- 1 ripaus kahvilikööriä (maun mukaan)
- 1 munankeltuainen
- 250 g voita (huoneenlämpöinen) valmistus

1. Kahvirullaa varten valmista ensin sokerikakku perusreseptin mukaan. Kääri paistamisen jälkeen puhtaaseen, kuivaan keittiöpyyhkeeseen ja anna jäähtyä.
2. Sekoita sillä välin kaikki kerman ainekset ja kiehauta kattilassa koko ajan sekoittaen ja anna sakeutua, kunnes kerma on vanukasta. Ota se pois liedeltä ja anna jäähtyä. Sekoita sitten joukkoon voi.
3. Kauli kakku varovasti uudelleen, levitä pinnalle kermaa ja rullaa uudelleen rulla.
4. Tarjoile kahvirulla.

100. Kahvivanukas

Ainesosat

- 1/2 l maitoa (1 %)
- 1 paketti vaniljavanukasjauhetta
- Hävitä 1 ruokalusikallinen kahvia
- 2 rkl rommia
- Makeutusaineen valmistus

(tarvittaessa).

1. Kahvivanukkaa varten sekoita vanukasjauhe pieneen maitoon.
2. Kiehauta loput maidosta, sekoita joukkoon kahvi, rommi ja makeutusaine. Keitä sekoitettu vanukas ja kaada jälkiruokakulhoihin.

PÄÄTELMÄ

Ne ovat hurmaavia ja monipuolisia reseptejä, jotka auttavat kahvin ystävien uskomattomalla ja silmiinpistävällä maullaan, joka yleistyy arjessa. Valitse suosikkisi ja syö hyvin!

www.ingramcontent.com/pod-product-compliance
Lightning Source LLC
Chambersburg PA
CBHW050414120526
44590CB00015B/1962